AI와 디자이너 협업

AI총서

인공지능 시대입니다. 기계가 인간의 인지를 대신하고, 사물이 인간을 통하지 않고 다른 사물과 직접 커뮤니케이션합니다. 이에 따른 인간 삶과 문명 변화를 정확히 이해 · 예측 · 대응하는 것은 이 시대 우리 모두의 과제입니다. AI총서는 인공지능 기술과 환경의 여러 주제를 10가지 키워드로 정리합니다. 관련 개념과 이론, 학계와 산업계의 쟁점, 우리 일상의 변화를 다룹니다. 인간과 기술의 현재, 미래를 세심히 분석합니다.

일러두기

- 인명, 작품명, 저서명, 개념어 등은 한글과 함께 괄호 안에 해당 국가의 원어를 병기했습니다.
- 외래어 표기는 현행 어문규정의 외래어표기법을 따랐습니다.
- 이 책은 한양대학교 교내연구지원 사업의 일환으로 수행된 연구입니다(HY-2025-1577).

처음이세요?

전문가세요?

AI와 디자이너 협업

최종우

대한민국, 서울, 커뮤니케이션북스, 2025

AI와 디자이너 협업

지은이 최종우
펴낸이 박영률

초판 1쇄 펴낸날 2025년 11월 25일

커뮤니케이션북스(주)
출판 등록 2007년 8월 17일 제313-2007-000166호
02880 서울시 성북구 성북로 5-11
전화(02) 7474 001, 팩스(02) 736 5047
commbooks@commbooks.com
www.commbooks.com

ISBN 979-11-430-1267-8 03500

책값은 뒤표지에 표시되어 있습니다.

차례

변화의 파도 위에 선 디자이너

2025년, 우리는 디자인 산업 역사의 근본적인 변곡점에서 있다. 인쇄술이 지식의 보급 방식을 바꾸었고, 산업혁명이 생산의 개념을 바꾸었으며, 디지털 전환이 작업 도구를 바꿔 놓았다면, 생성형 인공지능(Generative AI)의 등장은 디자인 행위 자체를 새롭게 정의하고 있다. 불과 몇 해 전까지만 해도 디지털 도구는 작업을 단순히 보조하거나 반복적인 수고를 덜어 주는 역할에 그쳤다. 이제 AI는 아이디어 발상과 시각화, 프로토타이핑, 사용성 검증에 이르기까지 디자인 프로세스 전반에 깊이 관여하고 있으며, 디자이너의 공동 창작자로 자리매김했다. 이 변화는 자동차, 패션, 건축, 게임 등 여러 산업 현장에서 이미 실질적인 변화를 만들어 내고 있다.

디자이너의 역할 재정의

이 변화의 본질은 단순한 기술적 혁신이 아니라, 디자인 행위 자체의 재정의에 있다. 이제 디자이너는 손끝으로 형태를 다듬는 장인이 아니라, 맥락을 읽고 문제를 정의하며, 기술과 인간적 가치를 조율하는 설계자이자 해석자로 진화해야 한다. AI는 단 몇 초 만에 수십 개의 아이디어를 내놓을 수 있다. 그러나 그 아이디어의 의미를 해석하고, 사회적, 문화적 맥락 속에 위치시키는 일은 여전히 인간 디자이너의 몫이다. 이제 디자이너의 정체성은 "무엇을 만들 것인가"가 아니라, "왜, 어떤 맥락에서 만들어야 하는가"라는 근본적인 질문을 던지는 데서 확립된다.

AI가 열어 주는 가능성은 놀랍다. 방대한 데이터를 기반으로 한 트렌드 예측, 제작 전 가상 실험을 통한 시간과 비용 절감, 협업 플랫폼을 통한 실시간 글로벌 팀워크 등은 과거에는 상상하기 어려웠던 새로운 디자인 방식을 가능하게 한다. 자동차, 패션, 건축, 게임, 인터페이스 디자인에 이르기까지 이미 수많은 산업이 이러한 변화를 경험하고 있다. 예컨대 패션 기업은 AI로 시즌별 무드보드(Mood board)를 제작하고, 소비자 반응을 실시간 분석하며, 건축가는 스테이블 디퓨전(Stable Diffusion) 같은 도구로 재질과 조명 등을 빠르게 실험한다. 동시에 AI는 데이터 편향(Bias), 저작권 침해, 책임 소재 불명확성 등 무겁고 복잡한 질문들을 우리 앞에 던지고 있다. 기술은 빠르게 진보하지만, 사회적 합의와 법적 기준은 그 속도를 따라가지 못하고 있다. 이 간극 속에서 디자이너는 단순히 결과물을 생산하는 사람이 아니라, 윤리적 경계와 문화적 맥락을 지키는 비평가이자 조정자의 역할을 수행해야 한다.

미래를 설계하는 주체로서의 디자이너

앞으로의 10년은 AI와 디자이너가 '경쟁'하는 시대가 아니라, 서로의 강점을 보완하며 함께 창조하는 협력의 시대가 될 것이다. AI는 효율성과 속도를 극대화하지만, 공감, 해석, 맥락 부여 같은 인간 고유의 능력은 대체할 수 없다. 이 과정에서 디자이너의 핵심 역량은 세 가지로 요약된다. 첫째, 문제를 명확히 정의하고, AI가 다룰 수 있는 언어로 재구성하는 능력. 둘째, 수많은 결과물 중에서 문화적, 윤리적, 브랜드적 맥락에 맞는 해답을 선별하는 안목. 셋째, 기술적 효율성과 인간적 창의성 사이의 균형을 유지하는 리더십이다. 결국 AI는 무수히 많은 가능성을 제시할 수 있지만, 방향을 정하고 의미를 부여하는 존재는 여전히 인간이다.

이 책은 그러한 맥락에서 쓰였다. 생성형 AI가 디자인 산업에 어떤 변화를 가져왔는지, 교육과 조직, 윤리와 사회가 어떻게 재편되고 있는지, 디자이너가 앞으로 어떤 정체성과 역량을 가져야 하는지를 탐구하고자 한다. 각 장은 기술적 발전의 면모뿐 아니라, 그 이면의 딜레마와 인간적인 선택의 문제까지 함께 다룬다. 독자는 이 책을 통해 AI를 단순한 도구로 소비하는 차원을 넘어, 변화의 물결을 설계하고 이끌어 갈 주체로서의 자신을 발견하게 될 것이다.

책의 구성

이 책은 다음 10개 주제로 구성되었다.

1. 협업 도구로서의 생성형 AI

이미지, 텍스트, 3D 등 다양한 형태의 콘텐츠를 생성하는 AI는 기존 디자인 도구의 개념을 뛰어넘는다. 생성형 AI의 개념과 디자이너와의 협업 가능성을 소개한다. AI가 제시하는 빠른 탐색과 무한한 변주 속에서 디자이너는 기존의 제작자적 역할을 넘어, 방향을 제시하고 의미를 부여하는 창의적 해석자이자 협업의 지휘자로 변모해야 한다. 다시 말해, 생성형 AI의 시대에 요구되는 역량은 단순한 툴 숙련이 아니라, 기술과 인간의 감각을 어떻게 조율해 새로운 창작 문화를 만들어 낼 것인가에 대한 주도적 비전이다.

2. 디자인 프로세스의 재편

AI의 도입은 디자인 프로세스의 본질을 근본적으로 변화시켰다. 과거에는 리서치→아이디어 발상→시각화→프로토타입 제작→검증으로 이어지는 선형적 단계가 일반적이었다. 그러나 이제는 이러한 단계들이 명확히 분리되지 않고, AI의 개입을 통해 실시간으로 상호작용하는 비선형적, 순환적 구조로 전환되었다. 각 단계가 순환하며 발전하는 시스템 속에서 디자인은 더 이상 일방향적 흐름이 아니라, AI와 인간이 함께 탐색하고 수정하며 진화하는 동적 협업 과정으로 자리매김하고 있다.

3. 디자이너의 확장된 역할

조사, 기획, 아이데이션, 시각화, 피드백까지 디자인의 전 과정이 AI와 결합되며 재구성되고 있다. 각 단계별 변화 양상을 살펴본다. 이제 디자이너는 단순한 제작자가 아니라, AI가 생성한 수많은 가능성을 평가, 보완하며 사회적, 문화적 맥락을 해석하고 최종 방향성을 설계하는 창의적 큐레이터이자 전략적 리더로 자리매김하게 되었다. 반복적 작업의 자동화 덕분에 문제 정의, 사용자 경험 해석, 윤리적 판단 등 고차원적 창의 활동에 집중할 수 있으며, 이는 곧 디자인 리더십의 새로운 패러다임을 보여 준다.

4. 협업 구조의 변화

AI의 도입은 디자인 팀의 전통적인 분업 체계를 허물고 있다. 과거에는 기획자, 디자이너, 엔지니어가 순차적으로 역할을 나누었지만, 이제 AI는 아이디어 발상, 시각화, 프로토타입 제작, 사용자 테스트까지 개입하며 팀의 '가상 구성원'으로 자리 잡고 있다. 이 변화는 단순한 생산성 향상을 넘어 팀 전체의 협업 규칙과 사고방식을 재편하며, 디자인 조직이 더 이상 직무 중심의 수직적 구조가 아니라 인간과 AI가 나란히 협력하는 하이브리드 네트워크로 진화하고 있음을 보여 준다. 이 과정에서 디자이너의 역할 또한 변하고 있다. 결과물을 직접 제작하는 대신, AI가 생성한 수많은 가능성을 평가하고 조율하는 큐레이터이자 디렉터로서의 책임이 커지고 있다. 속도와 다양성은 AI가 담당하고, 맥락적 해석과 창의적 의사결정은 인간이 주도하는 균형이 중요해졌다. 이제 AI는 개인의 보조 도구를 넘어 집단적 파트너로 기능하며, 디자이너는 새로운 리더십과 협업 역량을 요구받고 있다. 변화하는 역할에 따른 필요 역량을 정리한다.

5. 프롬프트와 설계 사고

생성형 AI와 협업하려면 프롬프트를 설계하는 능력이 필수적이다. 디자이너의 사고방식과 프롬프트 전략이 어떻게 연결되는지를 설명한다. 프롬프트 작성 과정은 인간의 설계 사고(Design Thinking)와 깊은 연관을 가진다. 사용자의 요구를 이해하고, 맥락에 맞는 질문을 던지며, 반복적으로 결과를 검증하고 개선하는 과정은 AI와의 협업에서 더욱 중요해졌다. 이제 프롬프트는 단순히 결과물을 지시하는 도구가 아니라, 디자이너가 창의성과 문제 해결력을 구체화하는 매개체로 기능한다.

6. 협업의 윤리와 책임

기술 발전보다 더 중요한 것은 '무엇을, 왜, 어떤 방식으로 창작할 것인가'라는 질문에 답하는 것이다. 디자이너는 AI의 제안을 그대로 수용하기보다 그 과정과 결과를 비판적으로 검토하고, 윤리적 기준을 설정하며, 사회적 신뢰와 지속 가능성을 확보해야 한다. 궁극적으로 AI 시대의 창작은 기술적 성취와 더불어 인간 디자이너의 원칙과 책임 의식에 의해 비로소 완성될 수 있다. 실제 디자인 프로젝트에서 AI가 어떤 방식으로 활용되고 있는지를 다룬다. 시각화, 스타일 실험, 반복 작업 자동화 등 다양한 응용 사례를 제시한다.

7. 협업 효율성과 창의성의 균형

AI는 업무 효율을 높이지만, 창의성의 주도권을 흐릴 수도 있다. 디자이너는 어떻게 창작의 중심을 유지하며 균형 잡힌 협업을 이끌 수 있을까? AI를 단순한 도구가 아닌 파트너로 인식하고, 나만의 데이터로 AI를 학습시키며, 창의적 질문과 의도적인 제약을 활용해 창작의 주도권을 유지하는 구체적인 전략을 제시한다. 이를 통해 AI의 속도와 다양성을 활용하면서도, 인간의 직관과 경험으로 최종 가치를 부여하는 새로운 협업의 미학을 모색한다.

8. 디자이너를 위한 AI 툴 이해

AI와의 협업에서는 저작권, 데이터 편향, 생성물의 책임 등 복합적인 윤리 문제가 발생한다. 디자이너가 직면할 법적, 윤리적 쟁점을 짚는다. 디자이너에게 요구되는 것은 단순한 사용 능력을 넘어 각 툴의 기술적 기반, 강점과 한계를 이해하고 이를 프로젝트 목적에 맞게 조합하는 비판적 안목이다. 즉, '어떤 툴을 어떻게 연결할 것인가'라는 툴 파이프라인 설계 능력이 곧 새로운 창의 역량의 핵심이 된다. 특히 이러한 변화는 단순히 '툴 사용법' 차원이 아니라, 디자이너가 데이터를 어떻게 관리하고, 저작권 문제를 어떻게 회피하며, 브랜드의 정체성을 어떻게 반영할 것인가와도 직결된다. 글로벌 기업 보고서(Booth et al., 2024)는 앞으로 디자인 역량의 핵심 지표 중 하나가 "툴 생태계 이해 능력"이 될 것이라고 전망한다.

9. 미래를 준비하는 디자이너

앞으로의 10년, AI는 단순한 제작 보조를 넘어 창작의 공동 주체로서 자리매김할 것이다. 반복적 작업의 자동화는 물론, 실시간 협업, 심미적 판단, 지속 가능성 최적화까지 관여하며 디자인 방식과 조직, 교육, 윤리 규범 전반을 근본적으로 재편할 전망이다. 다가올 시대에 AI는 무한한 속도와 확장성을 제공하지만, 그 방향성과 사회적 의미를 설계하는 책임은 여전히 인간 디자이너에게 있다. 다양한 생성형 AI 툴이 등장하고 있지만, 중요한 것은 디자이너가 그것들을 어떻게 바라보고 활용할지를 설계하는 역량이다. 도구의 맹목적 수용이 아닌, 목적에 맞는 도구 선택과 비판적 활용 능력을 중심으로 살펴본다.

10. 협업 시대를 준비하는 디자이너

AI는 단순히 인간의 작업을 보조하는 도구를 넘어, 창작의 과정에 참여하는 공동 주체로 자리매김하고 있다. 이 거대한 변화의 흐름 속에서 디자이너는 기술의 속도에 수동적으로 따라가는 존재가 아니라, 변화를 설계하고 조율하며 이끄는 주체적 창작자로서 자신의 정체성을 새롭게 확립해야 한다. AI와의 협업 시대를 맞아 디자이너에게 요구되는 디지털 리터러시와 학습 전략을 제안한다. 인간 중심의 창작자로서 지속 가능하게 성장하는 방향을 모색한다.

저자는 디자인을 연구하고 가르치는 사람으로서, 그리고 수많은 프로젝트에서 AI와 함께 일해 온 실무자로서, 거대한 변화의 물결이 두렵기보다 흥미롭다. 기술은 언제나 사람보다 앞서 달려왔지만, 그 방향을 정해 주는 것은 결국 사람의 상상력과 의지였다. AI 시대의 디자인 역시 마찬가지다. 이 책은 단순히 새로운 도구의 설명서가 아니라, AI 시대의 디자인을 설계해 나갈 당신을 위한 나침반이 될 것이다.

참고문헌

이경전(2024). 《AI 에이전트와 사회 변화》. 커뮤니케이션북스.

BMW Group(2025). The Neue Klasse. BMW Group enters a new era, https://www.bmwgroup.com/en/company/neue-klasse.html

Booth, B. et al.(2024.3.5). Generative AI fuels creative physical product design but is no magic wand. *McKinsey & Company*, https://www.mckinsey.com/capabilities/mckinsey-digital/our-insights/generative-ai-fuels-creative-physical-product-design-but-is-no-magic-wand

01
협업 도구로서의 생성형 AI

생성형 AI는 디자인 프로세스의 전 영역에 깊숙이 관여하는 협업 도구로 자리 잡았다. 아이디어 발상 단계에서는 상상력을 자극하는 수십 가지 시안을 신속히 제공하고, 프로토타이핑 단계에서는 반복적인 시뮬레이션을 통해 실험의 속도를 가속화하며, 사용성 검증 단계에서는 데이터 기반 피드백을 통해 결과물의 완성도를 높인다. 이러한 변화는 단순히 작업 효율성을 높이는 수준을 넘어, '디자인이란 무엇인가'라는 창작의 본질적 질문을 새롭게 던진다.

기후 위기와 인공지능?

생성형 AI의 본질과 핵심 기술

2022년 이후, 생성형 AI의 급격한 발전은 디자인 산업 전반을 근본적으로 재편했다(Booth et al., 2024). 몇 년 전까지만 해도 디지털 도구는 반복 작업을 줄여 주는 수준에 머물렀지만, 오늘날의 AI는 '공동 창작자(co-creator)'로 자리매김하고 있다.

대표적으로, 미드저니(Midjourney)나 스테이블 디퓨전(Stable Diffusion) 같은 이미지 생성 모델은 단 몇 초 만에 수십 가지의 디자인 콘셉트를 내놓으며, 챗GPT(ChatGPT)나 클로드(Claude) 같은 언어 모델은 복잡한 아이디어를 빠르게 구조화한다(OpenAI, 2023; Midjourney). 이 모든 혁신은 트랜스포머(Transformer) 아키텍처와 대규모 언어 모델(LLM)의 발전에 기반한다(Vaswani et al., 2017).

또한 노이즈를 제거하며 고해상도 이미지를 만들어 내는 확산 모델(Diffusion Model)은 사실적인 질감과 조명을 표현해 물리적 프로토타입 제작에 드는 시간을 크게 줄여 주고 있다. 여기에 텍스트, 이미지, 3D, 음성을 한 모델 안에서 동시에 처리하는 멀티모달 AI가 결합되면서, 단 한 줄의 명령어가 곧바로 3D 모델, 홍보 영상, 설명 문서로 이어지는 새로운 워크 플로가 열리고 있다.

이 과정에서 디자이너는 점점 더 감각적인 조정자 역할을 맡게 된다. AI가 수학적으로 최적화한 이미지를 내놓더라도 그 결과가 인간의 감정과 맥락에 맞게 느껴지려면 디자이너의 판단이 반드시 개입해야 한다. 같은 결과물을 보고도 어떤 이는 차가운 기계적 정밀성을 읽고 또한 다른 이는 새로운 미학적 가능성을 발견한다. 이처럼 동일한 데이터에서도 서로 다른 감정적 해석이 나오는 순간 AI는 도구를 넘어 대화의 상대가 된다.

AI와 인간의 감각적 공존

AI의 계산은 빠르지만 그 결과를 의미로 엮는 속도는 인간이 더 빠르다. 디자이너는 알고리즘이 놓친 미세한 불균형, 우연한 왜곡 속에서 영감을 얻는다. 한 결과물이 완벽하게 매끄럽게 보일 때조차 인간의 눈은 그 안에서 약간의 불완전함을 찾아내고 거기에 생명감을 부여한다. 이때의 감각적 직관은 AI가 만들어 낸 수많은 가능성 중 어떤 방향이 사람의 세계에 닿아 있는지를 구분하는 나침반이 된다. 결국 생성형 AI와 디자이너의 협업은 효율을 위한 분업이 아니라 감각의 교차점에서 이루어지는 공존이다. 기계가 데이터를 통합해 논리를 만들고 인간은 그 논리에 감정을 부여함으로써 창작은 완성된다.

디자인 워크 플로의 혁신

AI의 도입은 디자인 프로세스 전반의 리드 타임을 단축하고 있다. 과거에는 한 달 이상 걸리던 시장 조사와 트렌드 분석이 이제는 AI의 실시간 요약 기능을 통해 몇 분만에 완료된다. 디자이너는 정보 수집에 쏟던 시간을 줄이고, 맥락 해석과 콘셉트 정의에 더 집중할 수 있게 되었다.

자동차 업계에서는 AI가 초기 스케치를 3D 모델로 자동 변환하거나 렌더링 품질을 개선하면서 프로토타이핑 속도를 30~70%까지 단축하고 있다(BMW Group, 2025). 패션 분야에서도 자라(Zara)는 AI 기반 무드 보드를 제작해 소비자 반응을 실시간으로 검증함으로써 기획에서 출시까지의 시간을 절반으로 줄였다. 교육 분야에서는 MIT 미디어 랩(Media Lab)이 학생들에게 AI를 활용한 맞춤형 제품 기획 수업을 도입하면서, 디자인 교육 자체가 새로운 리터러시로 재편되고 있다.

이처럼 AI는 단순한 자동화 도구가 아니라, 산업 전반에서 새로운 협업 모델을 만들어 내는 촉매제 역할을 하고 있다. 특히 디자이너들은 이제 AI가 제시한 수많은 결과 중에서 '왜 이 이미지를 선택했는가'를 스스로 설명해야 한다. 결과보다 과정의 설득력이 중요해졌기 때문이다. 이는 디자인 교육과 비평 방식에도 변화를 일으킨다. 앞으로 학생과 전문가 모두가 결과물의 완성도보다 AI와 어떤 대화를 주고받았는가를 중심으로 자신의 사고 과정을 공유할 수도 있다. 즉 디자인의 품질이 아니라 사고의 깊이가 창의성의 지표가 되는 셈이다.

새로운 도전 과제와 한계

그러나 혁신의 이면에는 여전히 다양한 도전 과제가 존재한다. 생성형 AI는 학습 데이터에 내재된 편향을 그대로 반영하기 때문에 특정 문화나 지역적 맥락을 왜곡할 위험이 있다. 실제로 한 인테리어 스튜디오는 서구 중심의 미학이 지나치게 반영된 결과물로 인해 아시아 클라이언트의 요구를 충족하지 못한 사례가 보고된 바 있다(Stability AI, 2024). 이러한 문제는 특히 디자인에 막 입문한 디자이너나 학생들에게서 두드러지게 나타난다. 디지털 도구에 익숙한 이들이 비판적 검토 없이 결과물을 수용할 경우, 왜곡된 정보와 편향적 미학이 무의식적으로 확산될 수 있기 때문이다.

저작권 문제 역시 여전히 풀리지 않은 난제다. 게티 이미지(Getty Images)가 스태빌리티 AI(Stability AI)를 상대로 제기한 저작권 소송은 학습 데이터의 투명성과 책임 소재가 얼마나 중요한지를 잘 보여 준다(Vincent, 2023). 더 나아가, AI의 의사 결정이 '블랙박스' 상태로 남아 있어 오류가 발생했을 때 책임 주체가 불분명하다는 점도 심각한 문제로 지적된다.

결국, 생성형 AI의 진정한 가치는 속도가 아니라 비판적 활용 능력에 달려 있다. 디자이너는 AI의 결과물을 그대로 수용하는 것이 아니라, 그것을 해석하고 윤리적, 문화적 맥락에 맞게 재가공해야 한다. 그렇게 할 때 AI는 단순한 경쟁자가 아니라, 창작 영역을 넓혀 주는 '확장된 창작자(augmented creator)'로 기능할 수 있다. 결국 기술은 인간의 판단 없이는 완성될 수 없다. 디자이너는 속도와 다양성의 유혹 속에서도 자신이 어떤 세계관을 반영하고 있는지 스스로 묻는 태도를 잃지 말아야 한다. AI는 가능성을 넓혀 주지만 그 방향을 정하는 일은 여전히 인간의 몫이며 협업의 본질은 생산성이 아니라 의미와 책임의 공유에 있다.

AI는 수많은 결과를 보여 주지만 인간이 그중 무엇을 의미 있다고 판단하느냐에 따라 창작의 궤적은 달라진다. 같은 이미지라도 어떤 이는 기술의 성취로 보고 또 어떤 이는 인간의 감정을 대체할 수 없는 불완전함으로 본다. 이 다층적 해석의 순간이야말로 협업의 진정한 지점이다. AI는 도구로 완결되지 않고 인간의 감정이 스며들 때 비로소 창작의 언어가 된다.

따라서 디자이너는 기술을 다루는 사람이 아니라 그 의미를 번역하는 사람으로서 자신을 재정의해야 한다. 기술의 정교함이 높아질수록 인간의 사유는 더 섬세해져야 하고 AI가 제시하는 무수한 가능성의 지도 위에서 방향을 잡는 나침반은 여전히 인간의 손에 쥐어져 있다. 디자인의 미래는 도구의 진화가 아니라 인간의 해석이 얼마나 깊어질 수 있는가에 달려 있다. 이제 디자이너는 기술의 끝을 넘어 의미의 시작을 설계하는 존재로 남게 된다.

참고문헌

BMW Group(2025). The Neue Klasse: BMW Group enters a new era, https://www.bmwgroup.com/en/company/neue-klasse.html

Midjourney. Getting Started Guide, https://docs.midjourney.com/hc/en-us/articles/33329261836941-Getting-Started-Guide

OpenAI(2023.3.15). GPT-4 technical report. *ArXiv*. https://arxiv.org/abs/2303.08774

Stability AI(2024.10.22). Introducing Stable Diffusion 3.5, https://stability.ai/news/introducing-stable-diffusion-3-5

Vaswani, A. et al.(2017.6.12). Attention is all you need. *31th Conference on Neural Information Processing Systems*(NIPS 2017), https://papers.nips.cc/paper_files/paper/2017/file/3f5ee243547dee91fbd053c1c4a845aa-Paper.pdf

Vincent, J.(2023.1.17). Getty Images is suing the creators of AI art tool Stable Diffusion for scraping its content. *The Verge,* https://www.theverge.com/2023/1/17/23558516/ai-art-copyright-stable-diffusion-getty-images-lawsuit

02
디자인 프로세스의 재편

AI의 도입은 디자인 프로세스의 본질을 근본적으로 변화시켰다. 과거에는 리서치 → 아이디어 발상 → 시각화 → 프로토타입 제작 → 검증으로 이어지는 선형적 단계가 일반적이었다. 이제는 이러한 단계들이 명확히 분리되지 않고, AI의 개입을 통해 실시간으로 상호작용하는 비선형적, 순환적 구조로 전환되었다. 디자이너가 아이디어를 제시하면 AI는 즉시 수십 가지 시안을 생성하고, 다시 인간의 판단과 실험 후 곧바로 시제품 제작이나 사용자 테스트로 연결된다.

노래하는 AI 보컬?

AI가 각 단계에 가져온 혁신

생성형 AI는 디자인 프로세스의 거의 모든 단계에 깊이 개입하며 업무 방식을 근본적으로 변화시키고 있다.

과거 시장 조사와 사용자 리서치는 팀 전체가 수 주를 투입해야 하는 고비용, 장시간 과정이었다. 그러나 이제 챗GPT, 제미나이(Gemini) 같은 언어 모델은 수백 건의 자료를 실시간으로 요약하고, 경쟁사 분석과 예비 시나리오를 단 몇 분 만에 제시한다(Anthropic, 2024).

한 디자인 에이전시는 AI가 도출한 소셜 데이터 기반 트렌드 분석을 활용해 단 30분 만에 클라이언트 브리핑을 마쳤다. 덕분에 디자이너들은 수집된 정보 해석과 콘셉트 정의에 더 많은 시간을 집중할 수 있었다. 또한 AI는 단순 요약 도구를 넘어 특정 집단의 언어 습관을 분석해 맞춤형 페르소나를 구축하거나, 미래 시장의 패턴을 예측하는 역할까지 수행한다. 이로써 리서치 단계의 시간은 줄어들고, 해석과 전략 단계의 비중은 확대되었다.

아이데이션과 시각화의 가속

아이디어 발상 단계의 변화는 더 극적이다. 불과 몇 년 전만 해도 디자이너는 수일간 스케치를 반복하며 수십 개의 콘셉트를 도출해야 했다. 그러나 오늘날 미드저니, 어도비 파이어플라이(Adobe Firefly) 같은 생성형 AI는 단일 프롬프트로 수십 가지 시안을 제시한다(Midjourney).

예를 들어 "초현실주의적 요소가 가미된 미니멀리스트 찻잔" 같은 현실적으로 불가능한 조합을 시각화해 디자이너의 사고를 자극한다. AI가 제공하는 다량의 시안은 영감의 촉매제로 작동한다.

시각화 단계에서도 AI는 큰 역할을 담당한다. 과거에는 3D 렌더링을 위해 전문 툴과 숙련된 기술자가 필요했지만, 이제 디자이너 스스로 AI 기반 3D 변환을 통해 수십 개의 시각화 결과물을 빠르게 얻을 수 있다. 이에 자동차 산업에서도 초기 스케치가 3D 모델로 즉시 전환되고, AI가 질감과 조명을 자동으로 보정함으로써 프로토타입 제작 기간을 최대 70% 단축했다고 한다(McKinsey & Company, 2024; Alpha3D).

프로토타이핑과 테스트의 혁신

런웨이(Runway)가 최근 공개한 젠3 알파(Gen-3 Alpha) 모델은 텍스트와 이미지 프롬프트만으로 10초 길이의 영상 클립을 자동 생성할 수 있다. 이 모델은 장면을 합성하는 수준을 넘어, 피사체의 동작과 카메라의 움직임까지 자연스럽게 구현한다. 덕분에 광고, 영화, 게임 분야에서 수일이 걸리던 콘셉트 영상 제작을 하루 만에 완료할 수 있으며, 크리에이티브 팀은 이를 기반으로 아이디어 검증과 스토리보드 구체화에 더 많은 시간을 할애할 수 있다(Pillay, 2024).

현대자동차 연구개발본부 또한 VR 기반 시뮬레이터를 활용해 실제 주행 테스트와 사용자 검증의 상당 부분을 가상공간으로 옮기고 있다. 이를 통해 프로토타입 제작과 물리적 테스트에 소요되던 시간과 비용을 크게 절감했으며, 특히 양산 전 단계에서 소재 선택과 조립 프로세스를 한 달 이상 단축하는 성과를 거두었다(Ansible Motion, 2025). AI는 단순히 시간을 줄이는 것에 그치지 않고, 가상 주행 데이터를 기반으로 사용자의 조작 습관이나 안전 반응 패턴을 분석해 향후 디자인 수정 방향성까지 제안하고 있다.

결국 이러한 변화는 AI가 단순히 결과물을 생성하는 자동화 툴을 넘어, 결과를 해석하고 다음 단계를 안내하는 '적극적 협업 파트너'로 진화하고 있음을 보여 준다.

실패 사례와 교훈

그러나 AI가 항상 성공을 보장하는 것은 아니다. IDEO는 AI를 활용해 기획, 시각화, 테스트를 병렬적으로 운영하며 과거보다 훨씬 빠르게 첫 기획안을 도출했지만 (IDEO, 2023), 동시에 "AI 제안에 무비판적으로 의존할 경우 브랜드 고유성이 약화될 수 있다"는 교훈도 얻었다.

또한, 스테이블 디퓨전을 비롯한 이미지 생성 AI는 종종 서구 중심의 미적 기준과 문화적 편향을 반영하여 아시아 등 비서구권 클라이언트의 기대와 어긋나는 결과물을 만들어 내는 경우가 보고되었다. 이러한 사례는 디자인 프로세스에서 AI 활용 시 문화적 다양성과 브랜드 정체성을 고려하는 비판적 안목이 필요함을 보여 준다 (Milne, 2023). 이는 AI 활용이 문화적 맥락을 무시할 때 실패로 이어질 수 있음을 보여 준다. 즉, AI는 가능성을 열어 주지만, 맥락, 윤리, 문화적 감수성은 여전히 인간이 보완해야 할 핵심 영역이다.

미래의 리더십

디자인 프로세스의 비선형화는 창작 민주화와 실험 대중화라는 긍정적 흐름을 낳았다. 신입 디자이너도 AI를 활용해 시니어급 결과물을 빠르게 제시할 수 있으며, 이는 조직 내 역량 격차를 좁히는 효과를 준다. 그러나 동시에 AI 도입 속도의 세대 차, 프롬프트 설계 능력의 개인차는 새로운 교육, 조직 전략을 요구한다.

결국 AI가 제시하는 수많은 가능성 속에서 방향을 정하고 의미를 부여하는 것은 여전히 인간의 몫이다. 미래의 디자인 리더는 AI를 단순한 도구가 아니라, 조직의 일원이자 파트너로 관리할 수 있어야 하며, 해석, 조정, 조합의 리더십을 통해 새로운 협업 문화를 정립해야 할 것이다. 이는 단순히 AI를 잘 다루는 역량을 넘어, 'AI를 어떻게 활용해 조직적 창의성과 문화적 정체성을 지켜낼 것인가'라는 더 큰 질문에 답하는 능력이다.

참고문헌

Alpha3D(2024). Transform text and images into game-ready 3D models, https://www.alpha3d.io

Ansible Motion(2025.6.10). Hyundai Motor Group plans to use VR simulators to replace road testing, https://www.ansiblemotion.com/ansible-motion-automotive-driver-in-the-loop-simulation-news/hyundai-motor-group-plans-to-use-vr-simulators-to-replace-road-testing

Anthropic(2024). Meet Claude, your thinking partner, https://www.anthropic.com/claude

IDEO(2023.3). 5 Ways We're Using AI at Work, https://www.ideo.com/journal/5-ways-were-using-ai-at-work

McKinsey & Company(2024.3.30). The state of AI in early 2024: Gen AI adoption spikes and starts to generate value, https://www.mckinsey.com/capabilities/quantumblack/our-insights/the-state-of-ai-2024

Milne, S.(2023.11.29). AI image generator Stable Diffusion perpetuates racial and gendered stereotypes, UW study finds. University of Washington. *UW News*, https://www.washington.edu/news/2023/11/29/ai-image-generator-stable-diffusion-perpetuates-racial-and-gendered-stereotypes-bias/

Pillay, T.(2024.10.30.). Mind-Blowing AI-Generated Video: Runway's Gen-3 Alpha. *TIME*, https://time.com/7094939/runway-gen-3-alpha/

03
디자이너의 확장된 역할

AI는 기존의 선형적 디자인 프로세스를 아이디어 발상부터 시제품 제작까지 실시간 상호작용하는 비선형적, 순환적 시스템으로 재편했다. 디자이너는 AI가 생성한 수많은 가능성을 평가, 보완하며, 사회 문화적 맥락을 해석하고, 최종 방향성을 설계하는 창의적 큐레이터이자 전략적 리더로 자리매김하게 되었다. 반복적 작업의 자동화로 문제 정의, 사용자 경험 해석, 윤리적 판단 등 고차원적 창의 활동에 보다 집중하는 새로운 디자인 리더십 패러다임이다.

인공지능과 편향?

AI 시대의 세 가지 핵심 역할

문제 정의자(Problem Framer)

AI가 최적의 성능을 발휘하기 위해서는 무엇보다도 해결해야 할 문제를 명확히 설정하는 과정이 필요하다. AI는 데이터를 학습했지만, 스스로 문제의 본질을 파악하지는 못한다. 따라서 디자이너는 사용자의 요구, 맥락, 사회적 의미를 이해하고, 이를 구체적인 과제로 재구성해야 한다. 예를 들어, 단순히 "아름다운 의자"가 아니라 "고령 사회를 위한 인체공학적 의자", 혹은 "소음이 많은 오피스 환경에서 사용자의 집중력을 향상하는 책상"이라는 문제 정의가 필요하다.

문제 정의자는 단순히 디자인 과제를 좁히는 것이 아니라, 기술적 가능성과 사회적 필요를 연결하는 가교 역할을 한다. 따라서 이 역량은 향후 디자인 교육과 현장 실무에서 가장 중요한 핵심 능력으로 자리매김할 것이다.

프롬프트 전략가(Prompt Strategist)

AI의 산출물은 입력된 프롬프트의 질에 따라 크게 달라진다. 따라서 디자이너는 새로운 언어를 설계하는 능력을 갖추어야 한다. 단순한 키워드 나열이 아니라, "레트로 감성과 미래 기술이 결합된 전기차 외장 디자인 스케치를 30가지 스타일로 제시"와 같이 구체적이고 전략적인 프롬프트를 제시해야 한다.

프롬프트 전략가는 단순히 기술을 다루는 사용자가 아니라, 의도와 맥락을 전달하는 창의적 커뮤니케이터로 기능한다. 예를 들어, 동일한 프롬프트라도 대상 문화권, 브랜드 철학, 감각적 키워드를 어떻게 조합하느냐에 따라 결과물의 방향성이 완전히 달라진다. 이제 디자이너는 AI와의 '언어적 인터페이스'를 정교하게 다루는 새로운 언어 전문가로 진화하고 있다.

맥락 큐레이터(Context Curator)

AI는 수많은 가능성을 보여 주지만, 무엇을 선택하고 어떻게 의미를 부여할지는 인간의 몫이다. 디자이너는 브랜드의 정체성, 문화적 적합성, 윤리적 기준을 바탕으로 결과물을 선별하고 재해석한다. 이는 AI의 "다양성" 속에서 "정체성"을 찾아내는 과정이며, 디자인의 사회적 책임과도 연결된다.

예를 들어, 글로벌 브랜드는 동일한 AI 결과물을 지역별 맥락에 맞게 조정해야 한다. 서구 중심적 이미지로 학습된 AI가 동양 시장의 문화적 상징을 충분히 반영하지 못할 때, 디자이너는 '맥락 큐레이터'로서 결과물을 수정, 해석해야 한다. 이는 단순히 스타일 조정이 아니라, 디자인이 사회와 사용자에게 어떤 의미를 가질지를 주도적으로 설계하는 과정이다.

조직과 워크 플로의 변화

AI 도입은 디자이너 개인의 역할뿐 아니라 조직의 협업 구조와 워크 플로에도 근본적 변화를 가져왔다.

초기 단계: 디자이너는 AI 활용 전략을 설정하고, 프로젝트 브리프를 구성하며, 문제 정의와 방향성을 제시한다.

중간 단계: AI 산출물을 검토하고, 수정 방향을 제시하며, 품질을 관리한다. 이 단계에서 디자이너는 단순한 '생산자'가 아니라 '감독자'이자 '품질 관리자'가 된다.

최종 단계: AI가 제시한 결과물을 통합하고, 브랜드 아이덴티티, 문화적 맥락, 윤리적 기준을 반영한다.

이처럼 디자이너는 프로젝트 전체를 조율하는 '오케스트라 지휘자'에 가까운 존재로 변화하고 있다. 실제로 다수의 글로벌 디자인 에이전시는 'AI 크리에이티브 디렉터' 또는 'AI 큐레이터'라는 새로운 직군을 신설하며 이 변화를 제도화하고 있다.

실제 사례

IDEO는 프롬프트 설계와 결과물 선별 과정을 체계적 프로세스로 정립해 프로젝트의 품질과 속도를 동시에 개선했다. 특히 아이데이션 단계에서 AI를 활용해 수백 개의 아이디어를 생성한 뒤, 디자이너가 브랜드 정체성과 시장 요구에 맞는 아이디어를 선별해 발전시키는 '이중 필터링 프로세스'를 도입했다. 이 방식은 단순히 아이디어의 양을 늘리는 데 그치지 않고, AI의 탐색적 능력과 디자이너의 비판적 판단이 결합되면서 아이디어의 깊이와 실행 가능성이 크게 향상되는 결과를 낳았다. IDEO는 이를 통해 프로젝트 초기 단계의 시간을 30~40% 단축하는 동시에, 클라이언트에게 더 다양한 콘셉트 옵션을 제공할 수 있었다.

BBC 스튜디오(BBC Studios)는 최근 AI 크리에이티브 랩(AI Creative Lab)을 설립해 글로벌 캠페인 제작 과정에 AI를 적극적으로 도입하고 있다. 이를 통해 동일한 콘셉트를 기반으로 다수의 시각적 시안을 빠르게 생성하고 비교할 수 있게 되었으며 아트 디렉터는 그중 브랜드 메시지와 문화적 맥락에 가장 적합한 결과물을 선별하여 최종 캠페인에 반영한다. 이러한 접근은 '효율성과 인간적 비전의 균형'이라는 새로운 협업 모델을 제시하며 다양한 시장의 정서를 고려한 크리에이티브 제작 방식을 가능하게 하고 있다(BBC Studios, 2025).

AI 시대의 디자이너는 더 이상 단순 제작자가 아니라 문제를 정의하고, 기술과 대화하며, 결과물에 맥락과 가치를 부여하는 전략적 리더로 변화하고 있다. 디자이너는 AI의 속도와 효율성을 활용하되, 인간만이 제공할 수 있는 공감, 윤리적 판단, 문화적 의미를 결합해 최종 창작물을 완성한다. 이러한 새로운 리더십 모델은 향후 디자인 산업의 패러다임을 바꾸는 핵심 역량이 될 것이다.

참고문헌

BBC Studios(2025.7.24). BBC Studios launches AI Creative Lab. *Televisual,* https://www.televisual.com/news/bbc-studios-launches-ai-creative-lab/

Booth, B. et al.(2024.3.5). Generative AI fuels creative physical product design but is no magic wand. *McKinsey & Company,* https://www.mckinsey.com/capabilities/mckinsey-digital/our-insights/generative-ai-fuels-creative-physical-product-design-but-is-no-magic-wand

IDEO(2023.3). 5 ways we're using AI at work,

https://www.ideo.com/journal/5-ways-were-using-ai-at-work

04
협업 구조의 변화

AI의 도입은 디자인 팀의 전통적인 분업 체계를 허물고 있다. 과거에는 기획자, 디자이너, 엔지니어가 순차적으로 역할을 나눴지만, 이제 AI는 아이디어 발상, 시각화, 프로토타입 제작, 사용자 테스트까지 개입하며 팀의 '가상 구성원'으로 자리 잡고 있다. 이 변화는 단순한 생산성 향상을 넘어 팀 전체의 협업 규칙과 사고방식을 재편하며, 디자인 조직이 더 이상 직무 중심의 수직적 구조가 아니라 인간과 AI가 나란히 협력하는 하이브리드 네트워크로 진화하고 있음을 보여 준다.

청각장애인과 AI?

이 과정에서 디자이너의 역할 또한 변하고 있다. 결과물을 직접 제작하는 대신, AI가 생성한 수많은 가능성을 평가하고 조율하는 큐레이터이자 디렉터로서의 책임이 커지고 있다. 속도와 다양성은 AI가 담당하고, 맥락적 해석과 창의적 의사 결정은 인간이 주도하는 균형이 중요해졌다. 결국 AI는 개인의 보조 도구를 넘어 집단적 파트너로 기능하며, 디자이너는 새로운 리더십과 협업 역량을 요구받고 있다. 이러한 변화는 단순히 업무 효율의 향상을 넘어 조직 문화 자체를 재구성한다. AI가 실시간으로 데이터를 제시하고 다양한 시안을 자동으로 생성하는 과정에서 팀은 더 이상 지시와 수행의 관계로 움직이지 않는다. 각 구성원이 AI의 제안에 피드백을 주며 스스로 방향을 수정하는 순환형 의사 결정 구조가 만들어진다. 이제 리더는 모든 결정을 통제하는 관리자가 아니라 흐름을 설계하고 의미를 조율하는 촉매자에 가깝다. 디자인 조직은 점점 위계가 낮아지고 수평적 피드백이 빠르게 오가는 대화형 구조로 진화해 갈 것으로 예측해 볼 수 있다.

AI와 팀의 역할 재정의

AI는 디자인 팀 내에서 세 가지 새로운 역할을 맡으며 협업 구조를 바꾸고 있다.

첫째, AI 코디자이너(Co-designer)는 아이디어 생성과 스타일 변주에 직접 참여한다. 과거에는 브레인스토밍 회의를 통해 사람만이 아이디어를 제시했지만, 이제는 AI가 수십 개의 콘셉트를 즉시 생성하고, 팀원들이 이를 검토, 발전시키는 방식이 보편화되고 있다. 예컨대, 디자인 컨설팅 회사 피오르(Fjord)는 "밀레니얼 세대를 위한 지속 가능한 도시 교통수단"이라는 요청을 AI에 입력해, 자율주행 전기 스쿠터, 온 디맨드 셔틀, 하이브리드 드론 등 다양한 초기 콘셉트를 얻었다. 이 과정에서 AI는 단순한 도구가 아니라 팀의 아이디어 파트너로 기능했다.

둘째, AI 리서처(Research Assistant)는 방대한 데이터를 분석해 인사이트를 도출한다. 예를 들어 스마트폰 케이스 프로젝트에서, AI는 수십만 건의 온라인 리뷰를 분석해 '그립감'과 '오염 방지'가 핵심 요구라는 사실을 빠르게 파악할 수 있다. 이는 인간 디자이너가 데이터 수집에 투입하던 시간을 줄이고, 전략적 판단과 창의적 기획에 집중할 수 있도록 돕는다.

셋째, AI 프로토타이퍼(Prototype Builder)는 목업, 3D 모델, 영상 프로토타입을 빠르게 제작하며, 디자인 검토 과정 전반을 가속화한다. 자동차 산업에서는 이러한 AI 기반 접근이 실제로 성과를 내고 있다. 현대자동차그룹은 VR 기반 주행 시뮬레이터를 도입해 물리적 시제품 제작 이전에 다양한 가상 주행 환경을 반복적으로 검증할 수 있도록 했으며, 이를 통해 설계 검토와 테스트 과정의 소요 시간을 크게 줄일 수 있었다. 또한, 시뮬레이션 전문 도구와의 협업을 통해 기존에는 약 일주일이 걸리던 파라미터 최적화 과정을 단 몇 분 만에 완료한 사례도 보고된 바 있다. 이처럼 AI와 시뮬레이션 기술을 결합하면 초기 스케치에서 시작된 디자인 아이디어가 훨씬 더 짧은 시간 안에 다양한 재질, 색상, 조명 조건으로 검토될 수 있고, 최종 프로토타입 제작 이전 단계에서부터 실행 가능한 수준의 결과물을 빠르게 확보할 수 있다. 결국 이러한 변화는 AI가 단순히 결과물을 자동으로 만들어 주는 도구에 머무르지 않고, 사용자 반응과 데이터 분석까지 통합해 다음 단계를 안내하는 실질적인 협업 파트너로 자리 잡아가고 있음을 보여 준다.

하이브리드 팀의 새로운 문화

AI와 인간이 함께 일하는 하이브리드 팀에서는 향후 작업보다 대화의 질이 성과를 결정한다. AI가 제시한 수십 가지 결과물 중 어떤 것을 선택하고 왜 그 방향으로 가야 하는지를 논의하는 시간이 새로운 협업의 중심이 된다. 이 과정에서 팀원들은 각자의 미적 판단뿐 아니라 프롬프트를 해석하는 언어 감각을 공유해야 한다. 프롬프트는 이제 개인의 명령문이 아니라 팀의 공용 언어로 작동한다. AI가 생성한 이미지는 더 이상 한 사람의 아이디어가 아니라 집단의 사고 흔적으로 인식되고 기록될 수 있다.

하이브리드 팀의 강점은 다양성이다. AI는 동시에 수백 개의 방향을 제시하고 사람은 그중에서 문화적, 윤리적 맥락에 맞는 해석을 선택한다. 이때 중요한 것은 누가 정답을 말하느냐가 아니라 서로의 관점을 어떻게 결합하느냐다. 팀의 의사 결정 과정이 곧 디자인 과정이 되고 논의의 질이 결과물의 깊이를 좌우한다. AI는 반복적 업무를 줄이지만 아이디어를 정제하고 의미를 만드는 시간은 오히려 늘어난다. 이 변화는 디자인 팀을 단순한 생산 집단에서 의미 생산 공동체로 바꾸어 놓고 있다.

또한 하이브리드 협업에서는 책임감의 형태도 달라질 것이다. 과거에는 결과물의 완성도가 개인의 능력을 증명했다면 이제는 팀의 사고 구조와 윤리적 선택이 브랜드의 신뢰를 결정한다. 따라서 디자이너는 기술 숙련도

뿐 아니라 동료의 판단을 해석하고 대화의 리듬을 조율하는 능력을 갖춰야 한다. 이제 협업 리더십은 통제력이 아니라 공감력에서 비롯될 것이다.

협업의 장점과 도전 과제

AI와 인간이 함께하는 하이브리드 협업은 속도와 아이디어의 다양성을 획기적으로 높인다. AI는 방대한 데이터를 기반으로 한 분석과 반복 작업을 담당하고, 인간은 고차원적 판단과 창의적 조율에 집중할 수 있다. 그 결과, 프로젝트 초기 단계가 과거보다 두세 배 빨라지고, 다양한 실험적 아이디어가 동시에 검토될 수 있다. 이러한 협업은 조직이 새로운 콘셉트를 빠르게 시도하고, 실패 비용을 줄이며, 더 많은 창의적 가능성을 탐색할 수 있도록 한다.

그러나 이 모델에는 도전 과제도 존재한다. AI는 평균적이고 안전한 결과물을 내는 경향이 있어, 지나친 의존은 브랜드 고유의 언어를 희석할 위험이 있다. 또한 무단 학습 데이터에서 비롯되는 저작권 문제와, 결과물의 실패 책임이 누구에게 있는지 불분명한 점도 여전히 해결되지 않은 과제다(Vincent, 2023). 무엇보다, 인간 디자이너가 방향성을 잃고 AI 제안에 끌려다닐 경우, 프로젝트 정체성과 차별성이 흔들릴 수 있다. 따라서 하이브리드 협업은 장점을 극대화하는 동시에, 명확한 역할 정의와 비판적 활용 능력을 병행해야 지속 가능한 모델로 발전할 수 있다. 그러나 하이브리드 협업이 진정한 창의성으로 이어지기 위해서는 팀이 기술에 의존하지 않고 대화해야 한다는 인식이 필요하다. AI의 제안을 최종안으로 오인하면 협업은 탐구가 아니라 선택의 자동화로 전락한다. 반대로 팀이 AI의 결과를 토론의 시작점으로 활용하면 기술은 창의적 논의를 확장하는 매개체가 된다. AI와 인간의 이상적인 협업은 결국 정답을 고르는 과정이 아니라 가능성을 설계하는 과정이다.

새로운 리더십의 필요

궁극적으로 AI는 반복적이고 단순한 작업을 대신 수행함으로써, 인간 디자이너에게 고차원적 사고와 윤리적 판단, 전략적 의사 결정에 더 많은 시간을 허용한다. 따라서 미래의 디자인 리더십은 AI를 단순한 툴이 아닌 팀원으로 관리하고, 역할을 명확히 정의하며, 윤리적 기준을 설정하는 능력에서 나온다. 협업의 성공은 기술적 통합만으로는 충분하지 않으며, 역할 재정의, 책임 구분, 윤리적 원칙이 동시에 마련될 때 가능하다. AI는 이제 단순히 효율을 높이는 기술이 아니라, 팀의 리더십과 창의적 방향성을 재편하는 촉매제다. 앞으로의 리더는 기술을 지휘하는 사람이 아니라 팀의 사고를 조율하는 사람이 될 것이다. AI가 아무리 빠르게 판단해도 그 결과가 사람의 감정과 가치에 닿지 않는다면 디자인은 의미를 잃는다. 따라서 리더는 효율을 관리하기보다 사람과 기술의 감정적 균형을 유지하는 역할을 맡아야 한다. 팀이 함께 만든 결정의 방향을 하나의 서사로 묶어 내는 능력 그리고 각자의 목소리를 존중하면서도 프로젝트의 맥락을 지켜내는 감각이 미래의 디자인 리더십을 규정할 것이다. AI는 결과를 계산하지만 방향의 철학은 여전히 인간이 쓴다.

참고문헌

Accenture. (2023). Fjord Trends 2023: Artificial creativity. Accenture Interactive, https://www.accenture.com/gb-en/insights/interactive/fjord-trends

Ansible Motion(2025.6.10). Hyundai Motor Group plans to use VR simulators to replace road testing, https://www.ansiblemotion.com/ansible-motion-automotive-driver-in-the-loop-simulation-news/hyundai-motor-group-plans-to-use-vr-simulators-to-replace-road-testi

ng
Shapiro, D. (2023, August 9). Generative AI revs up new age in auto industry, from design and engineering to production and sales. *NVIDIA Blog.* https://blogs.nvidia.com/blog/generative-ai-auto-industry/

05
프롬프트와 설계 사고

생성형 AI 시대에 프롬프트는 단순한 명령어를 넘어, 디자이너의 의도와 비전을 AI가 해석할 수 있도록 연결하는 창의적 언어이자 전략적 도구로 자리매김했다. 과거에는 소프트웨어 사용법이나 툴의 숙련도가 경쟁력이었다면, 이제는 맥락과 목적을 반영해 최적의 프롬프트를 설계하는 역량이 디자이너의 핵심 자산으로 떠오르고 있다. 이는 단순한 기술적 명령이 아니라 창의적 문제 정의와 연결된 설계 행위라 할 수 있다.

AI 콘텐츠 크리에이터?

프롬프트의 전략적 진화

생성형 AI 시대에서 프롬프트(Prompt)는 단순한 명령어 입력을 넘어선다. 그것은 디자이너의 창의적 비전과 의도를 기계가 이해하고 실행할 수 있도록 연결하는 창작 언어이자 전략적 설계 도구로 진화했다. 과거에는 특정 소프트웨어 툴 사용법이 경쟁력이었지만, 이제는 맥락과 목적에 맞는 최적의 프롬프트를 설계하는 능력이 디자이너의 핵심 역량으로 자리 잡고 있다. 이 역량은 단순한 기술 숙련이 아니라, 인간 고유의 문제 해결 방식인 설계 사고(Design Thinking)와 깊이 맞닿아 있다(Brown, 2009; Cross, 2011).

프롬프트와 설계 사고의 연결

프롬프트 설계 과정은 설계 사고의 5단계와 놀라울 정도로 유사한 구조를 지닌다. 이 두 가지는 단순한 우연의 유사성이 아니라, 창의적 문제 해결을 위한 공통된 인지적 흐름을 공유한다.

첫째, 공감(Empathise) 단계는 AI가 생성할 결과물의 맥락과 사용자의 상황을 정의하는 과정이다. 단순히 "자동차 인테리어 디자인"이라고 요청하는 대신, "도심 속에서 하루 종일 운전하는 택시 기사에게 장시간 피로를 줄여 줄 수 있는, 소음 차단 기능이 강화된 자동차 인테리어 디자인"처럼 구체적인 페르소나와 맥락을 반영할 때 훨씬 실질적인 결과물이 나온다. 최근 자동차 산업 보고서에서도, 사용자 맥락 기반의 프롬프트가 차량 HMI 및 인테리어 개선 아이디어로 이어진 사례가 보고되었다(Shapiro, 2023).

둘째, 문제 정의(Define) 단계에서는 공감을 통해 얻은 인사이트를 구체적 목표와 제약 조건으로 전환한다. 예컨대 "친환경 재활용 소재 사용, 제작비 1,000만 원 이하, 미니멀리즘 스타일" 같은 조건은 AI가 단순한 장식적 이미지가 아닌 실행 가능한 디자인을 제안하도록 유도한다. 실제 인테리어 스타트업들은 "에너지 효율 20% 이상 향상" 같은 수치 조건을 프롬프트에 삽입해, AI가 지속 가능성과 기능성을 동시에 고려하도록 실험하고 있다(Ellen MacArthur Foundation, 2024).

셋째, 아이데이션(Ideate) 단계에서는 다양한 변형 프롬프트를 활용해 수많은 아이디어를 발산한다. 예를 들어 "물결 무늬 포인트를 적용한 세 가지 색상 버전" 같은 구체적 조건을 제시하거나, "도시의 밤" 혹은 "고요한 숲" 같은 추상적 키워드를 더하면, AI는 예측 불가능한 시각적 조합을 보여 주며 새로운 영감을 제공한다.

미드저니 사용자 보고서에서도 이러한 추상적 키워드 활용이 창의적 다양성을 높인다는 사례가 확인되었다(Midjourney).

넷째, 프로토타입(Prototype) 단계는 산출물을 기반으로 구체적인 피드백을 반복하는 과정이다. "손잡이 질감을 원목으로 바꿔 줘" 혹은 "계기판 글꼴을 더 부드럽게 수정해 줘" 같은 지시는 즉각적으로 반영된다. 최근 패션 업계에서는 AI를 통해 원단 질감과 드레이프 표현도 상당 수준 재현한 가상 착용(virtual try-on) 또는 패션 비주얼 영상 생성 기법들이 보고되고 있다(Kim et al., 2023; Wang et al., 2024; Karras et al., 2023). 이는 과거 수 주일 걸리던 과정이 하루로 단축된 혁신적 사례다.

테스트(Test) 단계에서는 시안을 비교 평가하고 사용자 피드백을 반영해 개선한다. 예를 들어 기업 현장에서는 실제 소비자 패널에게 AI 시안을 실시간으로 테스트하고, 피드백을 다시 프롬프트에 반영해 제품 콘셉트를 반복적으로 진화시키는 방식이 확산되고 있다. 이러한 접근은 IBM의 엔터프라이즈 디자인 싱킹(Enterprise Design Thinking) 프레임워크에서도 핵심 원칙으로 강조되며 사용자 관점에서 프로토타입을 검증하고 반복 개선하는 과정으로 정의하고 있다(IBM Design). 교육 기관에서도 학생들이 팀 단위로 이러한 과정을 적용하며, 빠른 반복 실험과 학습을 경험할 수 있는 커리큘럼이 도입되고 있다.

이처럼 프롬프트와 설계 사고의 결합은 단순히 AI 활용법을 넘어, 인간적 직관과 기술적 확장성의 교차점을 만들어 낸다. AI가 보여 주는 수많은 가능성 속에서 의미 있는 해답을 찾고, 그것을 맥락화해 사용자 경험으로 연결하는 역할은 여전히 디자이너에게 달려 있다. 따라서 프롬프트는 더 이상 단순한 기술적 입력이 아니라, 인간의 창의성과 문제 해결 방식을 AI와 공유하는 새로운 언어라고 할 수 있다.

효과적인 프롬프트 작성 원칙

효과적인 프롬프트를 작성하기 위해서는 몇 가지 중요한 원칙을 이해해야 한다. 무엇보다 먼저, 단순히 키워드를 나열하는 수준을 넘어 결과물이 만들어질 배경과 목적, 그리고 사용자의 경험을 구체적으로 서술하는 것이 필요하다. 예를 들어 "휴식 공간"이라는 키워드보다 "따뜻하고 아늑한 분위기 속에서 휴식을 취하는 사람을 위한 공간"처럼 맥락을 담아내면 훨씬 깊이 있는 결과가 나온다.

둘째, 스타일, 색감, 재질, 비율 같은 세부 조건을 명확히 제시해야 한다. "파스텔 톤의 핑크와 연보라색, 질감은 매끄러운 세라믹"처럼 구체화하면 산출물의 재현성과 완성도가 크게 향상된다.

셋째, 이미지나 스케치 같은 참조 자료를 제공하는 것도 효과적이다. 이러한 시각적 자료는 결과물의 방향성과 일관성을 강화해, 디자이너가 원하는 맥락을 AI가 보다 정확히 반영할 수 있도록 돕는다.

마지막으로, 제약 조건을 설정하는 것이 중요하다. 흔히 제약은 창작의 범위를 좁히는 것으로 생각되지만, 실제로는 제한된 틀 속에서 새로운 결합과 독창적인 해법을 이끌어 내는 촉매제가 된다.

한계와 주의점

그러나 프롬프트 설계가 모든 문제를 해결해 주는 만능 열쇠는 아니다. AI는 여전히 데이터 편향이나 해석 오류를 내포하고 있으며, 특정 조건을 잘못 이해하거나 문화적 맥락을 간과한 결과물을 제시할 위험이 있다. 따라서 디자이너는 AI에게 "무엇을 요청할지" 고민하는 것에서 멈추지 말고, 생성된 결과를 비판적으로 해석하고, 필요할 경우, 직접 수정, 보완하는 과정을 반드시 거쳐야 한다. 이는 단순히 효율성을 확보하는 차원을 넘어, 창작의 주도권을 인간이 끝까지 유지하기 위한 필수적인 태도다(Vincent, 2023).

AI와 디자이너의 새로운 관계

프롬프트는 단순한 기술적 입력이 아니라, 디자이너의 철학과 비전을 AI가 학습하도록 돕는 창작 언어다. 반복적 프롬프트 사용은 AI에게 디자이너 고유의 스타일과 패턴을 학습시키며, 이는 곧 인간과 AI 간의 창작 습관 공유로 이어진다. 따라서 디자이너는 AI에게 영감을 주는 교사(Teacher)이자, 결과물을 평가하고 사회적 맥락 속에 배치하는 큐레이터(Curator)이며, 최종 책임을 지는 리더(Leader)로서 역할을 확장해야 한다.

참고문헌

Brown, T(2009). *Change by design: How design thinking transforms organizations and inspires innovation*. Harper Collins.

Cross, N.(2011). *Design thinking: Understanding how designers think and work*. Berg.

Ellen MacArthur Foundation(2024.8.21). Circular economy principles, https://www.ellenmacarthurfoundation.org/circular-econo

my-principles

IBM Design. Enterprise design thinking, https://www.ibm.com/design/approach/design-thinking

Karras, J. et al. (2023.4.12). DreamPose: Fashion image-to-video synthesis via stable diffusion. *ArXiv,* https://arxiv.org/abs/2304.06025

Kim, J. et al.(2023.12.4). StableVITON: Learning semantic correspondence with latent diffusion model for virtual try-on. *ArXiv,* https://arxiv.org/abs/2312.01725

Shapiro, D. (2023.8.9). Generative AI revs up new age in auto industry, from design and engineering to production and sales. NVIDIA Blog. https://blogs.nvidia.com/blog/generative-ai-auto-industry/

Wang, R. et al.(2024.3.16). StableGarment: Garment-centric generation via stable diffusion. *ArXiv,* https://arxiv.org/abs/2403.10783

06
협업의 윤리와 책임

생성형 AI의 발전은 디자인의 효율성을 높였지만, 더 나은 결과를 자동 보장하지는 않는다. 아울러 오늘날의 디자이너는 단순히 기능적, 미적 완성도를 추구하는 것에 그치지 않고, 공정성, 투명성, 책임성 같은 윤리적 가치를 반드시 고려해야 한다. AI의 편향된 데이터는 특정 문화나 집단을 왜곡할 수 있고, 무단 학습으로 인한 저작권 침해, 결과물 오류에 대한 책임은 창작자와 조직이 직면해야 할 핵심적인 위험 요소다. 중요한 것은 '무엇을, 왜, 어떤 방식으로 창작할 것인가'라는 질문에 답하는 것이다.

AI와 민주주의?

기술 발전보다 중요한 질문과 AI 협업의 주요 윤리 이슈

최근 몇 년 생성형 AI 기술은 상상 이상의 속도로 향상되고 있다. 그러나 기술의 진화가 더 나은 디자인과 사회적 신뢰를 보장하는 것은 아니다. AI 활용이 일상화된 지금 디자이너에게 필요한 것은 시각적 완성도와 기능적 효율성에 더해 공정성, 투명성, 책임성 같은 윤리적 기준의 확립이다. AI의 편향된 데이터로 인한 왜곡, 저작권 침해 문제, 사회, 문화에 미칠 장기적 영향은 창작자와 조직 모두 무시할 수 없는 핵심 요인이 되고 있다.

생성형 AI와 협업하는 과정에서 디자이너가 직면할 윤리적 쟁점들은 다양하다.

첫째, 저작권과 소유권 문제가 가장 대표적이다. AI가 창출한 산출물의 소유자가 누구인지에 대한 법적 기준은 아직 각국에서 정립되지 않았다. 특히 AI가 무단으로 인터넷상의 이미지나 텍스트를 학습 데이터로 수집한다면, 원저작자의 동의 없이 생성물을 도출하는 것은 법적, 윤리적으로 문제가 된다. 이로 인해 원저작자와 AI 개발사 간의 법적 분쟁이 끊이지 않고 있으며, 앞서 언급한 게티 이미지와 스태빌리티 AI 간의 저작권 소송은 이러한 위험성을 단적으로 보여 준다(Vincent, 2023). 디자이너는 AI를 활용할 때, 사용한 데이터의 출처와 소유권을 명확히 확인하고, 법적 리스크를 최소화하기 위한 노력을 기울여야 한다.

둘째, 데이터 편향 역시 빈번히 발생한다. 대규모 AI 모델은 학습 데이터의 불균형을 그대로 반영해, 특정 문화, 인종, 성별에 대한 과대 표현이나 배제 현상이 나타날 수 있다. 예를 들어, 아시아 여성에 대한 시각화 요청에 서양식 미학이 압도적으로 반영되거나, 어린이 장난감 광고에만 소녀 캐릭터가 등장하는 등 디자인이 사회적 고정관념을 강화할 위험이 뒤따른다. 이러한 편향은 의도치 않게 특정 사용자 집단을 소외시키고, 결과물의 공정성을 해칠 수 있다. 디자이너는 프롬프트를 설계할 때 다양한 문화와 배경을 포괄하는 키워드를 의식적으로 포함하고, AI가 생성한 결과물을 비판적인 시각으로 검토해 편향성을 제거하는 역할을 해야 한다.

셋째, 투명성 부족은 AI 모델의 내부 작동 과정이 '블랙박스' 상태에 머물러 산출 결과물의 근거와 의사 결정 경로를 추적하기 어렵게 만든다. 프로젝트에서 클라이언트가 "왜 이 콘셉트가 채택됐는가?"를 물었을 때, 디자이너나 AI 개발자 누구도 충분히 설득력 있는 설명을 내놓지 못하는 의사소통 문제가 빈번하게 발생할 수 있다.

이는 고객과의 신뢰 관계를 해칠 뿐만 아니라, 디자인 결정에 대한 책임 소재를 모호하게 만든다. 디자이너는 AI의 제안을 맹목적으로 따르기보다, AI의 결과를 보완하고 자신의 논리와 직관을 더해 설득력 있는 근거를 마련해야 한다.

넷째, 책임 소재의 불명확함은 AI가 산출한 결과에 오류, 불쾌한 내용, 물리적 결함이 포함되어 있을 때, '누가 최종 책임자인가?'를 명확히 가리기 어렵게 만든다. 산업 디자인 현장에서는 AI가 제안한 경량 부품의 결함으로 안전 문제가 발생하면, 안전 인증과 법적 책임을 둘러싼 혼란이 실제로 조직 간 송사와 손해배상 문제로 발생할 수 있다. 이처럼 AI는 창작의 주체가 아닌 도구이므로, 최종적인 책임은 AI를 활용하고 최종 결과물을 선택한 인간 디자이너에게 귀속된다는 원칙을 명확히 해야 한다.

윤리적 판단에서 창의적 책임으로

AI와 협업하는 윤리 문제는 단순히 법적 준수의 영역을 넘어 창작 행위의 본질적 태도와 연결된다. 디자이너가 '무엇을 만들 것인가'를 고민하는 순간 동시에 '무엇을 만들지 말아야 하는가'를 판단해야 한다. 이 균형은 단속이 아니라 사유의 과정이다. 윤리적 사고는 창작의 속도를 늦추는 것이 아니라 방향을 정교하게 만든다. 어떤 이미지를 선택하고 어떤 데이터를 훈련에 포함할지 결정하는 과정에서 디자이너는 이미 사회적 해석자로서 행동하고 있는 셈이다.

AI가 제공하는 수많은 선택지 중 하나를 고르는 행위조차 가치 판단을 포함한다. 예컨대 같은 제품을 표현하더라도 그 이미지가 특정 성별, 문화, 계층을 어떻게 재현하는가에 따라 디자인의 의미는 달라진다. 따라서 윤리적 감수성은 결과물을 제한하는 규칙이 아니라 창의성을 인간적으로 유지시키는 나침반이다. 이 감수성이 없으면 AI의 창의성은 단지 기술적 모방에 머무르게 된다. AI와의 협업이 진정한 창작으로 확장되기 위해선 디자이너가 매 순간 이 나침반을 스스로 점검해야 한다.

디자이너를 위한 윤리적 가이드라인과 책임

AI 시대의 디자이너는 더 이상 단순한 기술, 툴의 사용자가 아니라, 창작 과정과 결과물의 윤리적 리더가 되어야 한다. 프롬프트 설계에서부터 산출물 검토와 선택, 결과물의 사회적 수용성 검증, 문제 발견 시 AI 활용을 제한, 보완하는 규칙 설정까지, 디자이너는 '윤리적 필터' 역할을 담당해야 한다. 실질적으로는 AI가 생성한 이미지나 텍스트는 반드시 원본과 구분하고, 산출물의 AI 기여도를 명확히 밝히는 투명한 협업 기준을 갖추어야 한다. 해로운 콘셉트나 민감한 사안은 프로젝트 초반부터 제한 및 검증이 필수이며, 조직 차원에서는 국제 기준(예: 「EU AI 법」, 「OECD AI 원칙」 등)과 연계한 자체 윤리 지침을 구축해 각 프로젝트에 체계적으로 적용해야 한다. 최종적으로는 기술적 성취와 윤리적 책임이 균형을 이뤄야만 사회적 신뢰, 시장의 지속 가능성, 브랜드 평판까지 모두 확보할 수 있다. 디자이너의 윤리적 판단, 책임 의식, 사회적 영향력에 대한 감수성은 이제 시장 경쟁력의 전제 조건이 된 셈이다. 궁극적으로 AI의 영향을 '선한 영향력'으로 바꿀 수 있는 것은 기계의 알고리즘이 아니라, 인간 디자이너의 의지와 원칙임을 잊지 말아야 한다.

하지만 윤리란 고정된 규범이 아니라 시대와 기술의 변화에 따라 계속 새로 쓰여야 하는 이야기다. 디자이너의 판단은 법보다 먼저 현실에 닿는다. 어떤 이미지를 공개할지 어떤 문장을 브랜드 메시지로 선택할지 그 작은 결정 하나하나가 사회적 신호가 되기 때문이다. 이런 이유로 윤리는 더 이상 감시의 기준이 아니라 창작 과정의 언어로 다뤄져야 한다.

즉, 윤리는 해야 할 일을 나열하는 규칙이 아니라 왜 해야 하는가를 탐구하는 사유의 구조다. 디자이너가 다루는 모든 선택에는 미학적 감각과 함께 사회적 파급력이 따라붙는다. 그 파급을 이해하고 조율하는 과정에서 윤리는 비로소 창의적 행위로 전환된다. AI가 만들어 내는 수많은 가능성 속에서 인간은 여전히 그 가능성의 윤리적 무게를 재는 저울을 쥐고 있다.

윤리적 리더십은 금지의 언어가 아니라 창조의 책임으로 나타난다. 무엇을 하지 말아야 하는가보다 왜 해야 하는가를 묻는 태도가 창작의 깊이를 결정한다. 결국 윤리적 사고란 디자인의 외곽선이 아니라 그 안의 본질적 선을 그리는 일이다. 이러한 사유가 자리 잡을 때, AI와 인간의 협업은 단순한 효율의 문제가 아니라 가치의 창조 행위로 완성된다.

참고문헌

EU(2024.6.13). Regulation (EU) 2024/1689 of the European Parliament and of the Council on artificial intelligence (Artificial Intelligence Act). Official Journal of the European Union, L 168, 1-90, https://eur-lex.europa.eu/eli/reg/2024/1689/oj/eng

EU Artificial Intelligence Act. Up-to-date developments and analyses, https://artificialintelligenceact.eu/
OECD(2019.5.22). OECD.AI/GPAI. OECD AI Principles overview, https://oecd.ai/en/ai-principles

07
협업 효율성과 창의성의 균형

생성형 AI는 디자이너의 효율성을 극대화하지만, 동시에 결과물의 동질화, 기능적 퇴화, 수동적 창작 태도를 유발해 창의성을 위협할 수 있다. AI를 단순한 도구가 아닌 파트너로 인식하고, 나만의 데이터로 AI를 학습시키며, 창의적 질문과 의도적인 제약을 활용해 창작의 주도권을 유지하는 구체적인 전략을 제시한다. 이를 통해 AI의 속도와 다양성을 활용하면서도 인간의 직관과 경험으로 최종 가치를 부여하는 새로운 협업의 미학을 모색한다.

AI와 애니메이션?

AI가 창의성을 위협하는 순간들

AI는 아이데이션, 시각화, 프로토타이핑, 반복 실험 등 디자인 전 과정을 극적으로 가속화한다. 단 몇 초 만에 수십, 수백 가지 시안을 제시해 인간의 반복 작업 스트레스와 시간 부담을 줄여 왔지만, 효율의 극대화가 언제나 창의성으로 이어지는 것은 아니다. 오히려 지나친 의존은 결과물의 획일화, 기초 역량의 퇴화, 수동적 창작 태도의 강화로 창의성을 위협할 수 있다.

우선 결과물의 동질화 문제가 있다. 생성형 AI는 과거의 방대한 데이터를 기반으로 학습하기 때문에, 동일한 조건에서 생성된 결과물은 유사한 스타일과 패턴을 반복하기 쉽다. 이는 브랜드 고유성을 희석하고 업계 전반에 '창의적 평균치'를 양산할 위험이 있다. 실제로 여러 패션 브랜드가 동시에 AI 무드 보드를 도입했을 때, 기업마다 다른 콘셉트를 추구했음에도 불구하고 유사한 색조와 형태가 반복되어 차별화가 약화된 사례가 보고되었다.

둘째로는 기능적 퇴화가 나타난다. 스케치, 색채 실험, 조형적 탐구 같은 수작업 과정이 자동화에 의해 대체되면, 디자이너의 기본 역량이 점차 약화된다. 한 디자인 대학에서는 학생들이 AI 이미지 생성에 지나치게 의존하면서 손 드로잉 능력과 형태 변주 실험 역량이 뚜렷하게 떨어졌다는 연구 결과가 발표되었다. 이는 단순히 기술적 문제를 넘어, 창작의 근육이 점차 위축되며 장기적으로 직관적 문제 해결 능력이 손실되는 심각한 결과로 이어질 수 있다.

셋째로 수동적 창작 태도를 경계해야 한다. 생성형 AI는 첫 시도에서부터 그럴듯한 결과물을 제시하기 때문에, 디자이너가 이를 비판적 검토 없이 곧바로 채택하는 습관에 빠지기 쉽다. 이런 태도가 반복되면 점차 실험적 탐구 의지가 약화되고, 창작 과정에서 몰입도가 떨어지며, 장기적으로는 디지털 피로(digital fatigue)와 창의적 슬럼프로 이어질 수 있다. 최근 연구에서도 AI 사용이 증가할수록 창의 전문가들이 반복성과 피로감을 호소하며, 지나친 의존이 오히려 창의성 저하와 심리적 부담으로 연결될 수 있음을 지적한다(Inie et al., 2023; Ragolane & Patel, 2025).

창작의 중심을 지키는 전략과 협업의 미학

이러한 위험에도 불구하고, 현장의 선도 기업과 디자이너들은 창의성을 지켜내기 위해 다양한 전략을 모색하고 있다. 먼저, AI를 단순한 자동화 도구가 아니라 공동 목표를 공유하는 협력자로 대우하는 관점이 중요하다. BMW는 최근 공개한 '노이에 클라세(Neue Klasse)' 프로젝트에서 AI를 디자인 과정에 적극 도입하며, 브랜드 언어와 철학을 반영한 결과물을 실험하고 있다. 공식 발표에 따르면 AI는 단순한 효율화 도구가 아니라 디자인 정체성을 강화하는 도구로 활용되고 있으며, 이는 무작위적 결과물이 아닌 브랜드 중심의 방향성을 유지하는 데 기여하고 있다(BMW Group, 2025).

또한 디자이너는 AI가 쉽게 답하지 못하는 고차원적 질문을 던져야 한다. "3세 미만 유아의 안전 규정을 충족하면서도 모듈형 변형이 가능한 가구"와 같이 현실적 제약이 포함된 문제 정의는 기존 패턴을 넘어서는 창의적 해석을 이끌어 낸다. 동시에 의도적 제약을 활용하는 것도 효과적이다. 색상, 소재, 혹은 구조에 인위적으로 제한을 두면, AI는 주어진 범위 안에서 예상치 못한 조합을 만들어 내며, 이는 과거 바우하우스 교육이 제약 속에서 창의성을 확장했던 방식과도 닮아 있다.

워크 플로 설계에서도 균형은 필수적이다. 아이데이션 단계에서는 AI를 '아이디어 폭발 장치'로 활용해 다양한 가능성을 빠르게 탐색하고, 발전 단계에서는 디자이너가 직접 손으로 다듬어 독창성을 확보한다. 검증 단계에서는 일부 세션을 AI 없이 진행해 인간 고유의 직관과 감각을 유지하는 방법도 활용된다. 이런 방식으로 AI의 속도와 인간의 해석을 결합하면 창의성은 단순히 보존되는 수준을 넘어 배가된다.

무엇보다 중요한 것은 비판적 수용 태도다. AI가 제시하는 결과물은 출발점일 뿐, 최종 해석과 선택은 인간 디자이너의 몫이다. 따라서 "왜 이런 결과가 나왔는가?", "사용자의 맥락과 실제 요구에 적합한가?" 같은 질문을 끊임없이 던지는 자세가 필요하다.

조직과 교육 차원의 시사점

조직 차원에서는 프롬프트 작성 능력을 팀 전체에 공유하고, 공동 데이터세트를 구축해 AI 활용 수준의 격차를 줄이는 노력이 필요하다. 일부 기업은 내부 매뉴얼을 제작해 팀원들이 일관성 있는 방식으로 AI를 활용하도록 하고 있다. 교육 현장에서는 AI 수업과 더불어 드로잉, 프로토타입 실습 같은 아날로그 기반 훈련을 병행해, 학생들이 도구 의존성과 창의적 탐구 사이의 균형을 배울 수 있도록 해야 한다. 개인 차원에서도 디자이너는 자신만의 데이터세트와 툴 체인을 설계해 대중적 툴에 종속되지 않고 고유한 차별성을 구축해야 한다. 일부 프리랜서는 개인 클라우드에 브랜드 언어와 프로젝트 데이터를 축적해 맞춤형 AI 협업 세션을 운영하며 차별화를 이루고 있다.

참고문헌

BMW Group(2025). The Neue Klasse. BMW Group enters a new era, https://www.bmwgroup.com/en/company/neue-klasse.html

Inie, N. et al.(2023.3.15). Designing participatory AI: Creative professionals' worries and expectations about generative AI. *ArXiv,* https://arxiv.org/abs/2303.08931

Ragolane, M. & Patel, S.(2025.8). Too much, too fast: Understanding AI fatigue in the digital acceleration era. *International Journal of Arts, Humanities and Social Sciences*, 6(8), 55-67, https://www.researchgate.net/publication/394527631_TOO_MUCH_TOO_FAST_UNDERSTANDING_AI_FATIGUE_IN_THE_DIGITAL_ACCELERATION_ERA

08
디자이너를 위한 AI 툴 이해

디자이너는 각 툴의 기술적 기반과 강점과 한계를 이해하고, 이를 프로젝트 목적에 맞게 조합하는 비판적 안목이 필요하다. 즉, '어떤 툴을 어떻게 연결할 것인가'라는 툴 파이프라인 설계 능력이 새로운 창의 역량의 핵심이다. 단순히 '툴의 사용법' 차원이 아니라, 디자이너가 데이터를 어떻게 관리하고, 저작권 문제를 어떻게 회피하며, 브랜드의 정체성을 어떻게 반영할 것인가와도 직결된다. 글로벌 기업 보고서는 앞으로 디자인 역량의 핵심 지표 중 하나가 "툴 생태계 이해 능력"이 될 것이라고 전망한다.

AI와 인재 채용?

생성형 AI 툴의 등장은 디자이너의 작업 방식을 근본적으로 바꾸어 놓았다. 매일같이 새로운 툴이 출시되고, 어떤 것은 빠르게 사라지며, 또 다른 일부는 업계의 표준으로 자리 잡는다. 이처럼 불안정하고 빠른 변화 속에서 단일 툴의 숙련만으로는 더 이상 경쟁력을 보장할 수 없다. 따라서 디자이너에게 요구되는 것은 단순한 사용 능력을 넘어 각 툴의 기술적 기반, 강점과 한계를 이해하고 이를 프로젝트 목적에 맞게 조합하는 비판적 안목이다. 즉, '어떤 툴을 어떻게 연결할 것인가'라는 툴 파이프라인 설계 능력이 곧 새로운 창의 역량의 핵심이 된다. 특히 이러한 변화는 단순히 '툴의 사용법' 차원이 아니라, 디자이너가 데이터를 어떻게 관리하고, 저작권 문제를 어떻게 회피하며, 브랜드의 정체성을 어떻게 반영할 것인가와도 직결된다. 글로벌 기업 보고서(Perri, 2023; McKinsey & Company, 2024)는 앞으로 디자인 역량의 핵심 지표 중 하나가 "툴 생태계 이해 능력"이 될 것이라고 전망한다.

툴을 알아야 전략이 보인다

최근 2~3년 사이 AI 생태계에는 수십, 수백 가지의 생성형 툴, API, 플러그인, 플랫폼이 쏟아졌다. 그러나 이제는 단순히 "얼마나 많은 툴을 아는가"보다 "그 툴들을 어떻게 엮어 내는가"가 핵심 과제가 되었다. 마치 요리사가 식재료의 성질과 조합 방식을 이해해야 최고의 요리를 완성할 수 있듯, 디자이너 역시 각 툴의 기술적 DNA, 라이선스 구조, 데이터세트의 출처와 성격을 정확히 파악하고 있어야 한다(Midjourney; Stability AI, 2024).

툴에 대한 비판적 이해가 부족하다면, 디자이너는 도구의 자동화된 흐름에 종속되어 '단일 툴 사용자'로 머물게 된다. 반대로 툴의 강점과 한계를 꿰뚫고 프로젝트 목적에 따라 전략적으로 조합할 수 있다면, 도구는 단순한 생산 수단을 넘어 창의성을 확장하는 파트너로 자리매김한다. 실제로 글로벌 디자인 스튜디오들은 이미지 생성 AI, 3D 모델링 AI, 시뮬레이션 엔진을 하나의 파이프라인으로 연결해, 과거 몇 달이 걸리던 시제품 제작을 수주 단위로 단축하고 있다. 이처럼 툴을 '연결하는 능력'이야말로 디자이너가 미래 경쟁력을 확보하는 새로운 언어가 되고 있다.

업계에서는 특정 툴을 단독으로 활용하기보다, 미드저니-블렌더-파이어플라이(Midjourney, Blender, Firefly) 같은 복합 파이프라인 사례가 점차 늘고 있다. 이는 툴을 '단일 기능'으로 쓰는 것보다 훨씬 높은 브랜드 일관성과 실행 가능성을 보장하며, 실제로 캠페인 속도와 성과를 개선한 연구 사례들이 발표되고 있다 (McKinsey & Company, 2024).

주요 AI 툴 카테고리와 차별성

AI 툴은 활용 목적과 기술 기반에 따라 서로 다른 강점을 지니고 있으며, 이를 이해해야 프로젝트별 최적의 조합을 설계할 수 있다.

우선 이미지 생성 툴 분야에서는 미드저니가 추상적이고 예술적인 스타일 탐색에 뛰어난 반면, 스테이블 디퓨전은 오픈소스 기반 덕분에 커스터마이징과 파인 튜닝이 자유롭다. 어도비 파이어플라이는 저작권이 명확히 정리된 데이터세트를 사용하기 때문에 상업 프로젝트에서 특히 신뢰도가 높다.

텍스트 생성 툴에서는 챗GPT가 기획안 작성과 스토리텔링 초안 설계에 강점을 보이며, 클로드는 대규모 문서 분석과 요약에 특화되어 있다. 구글의 제미나이는 검색 통합 기능이 뛰어나, 리서치와 아이디어 확장 단계에서 유용하다.

3D 모델링 및 렌더링 툴의 경우, 엔비디아의 GET3D는 2D 이미지를 기반으로 고품질 3D 메시(mesh)를 자

동으로 생성하는 기능을 제공하며(Gao et al., 2022), 슬로이드(Sloyd)는 빠르고 간단하게 프리팹(prefab) 기반 모델을 제작할 수 있어 초기 프로토타입 제작에 적합하다.

영상 생성 및 편집 툴에서는 런웨이가 텍스트, 이미지, 영상, 오디오를 아우르는 멀티모달 영상 제작 기능을 제공하고, 피카랩스(Pika Labs)는 짧은 애니메이션이나 시각 효과 제작에서 강점을 보인다.

이처럼 각 툴은 기술적 성격과 활용 맥락이 뚜렷이 다르다. 따라서 디자이너는 단일 툴의 숙련도를 넘어, 프로젝트의 목적과 단계에 따라 도구들을 전략적으로 결합해야 한다. 툴을 조합하는 방식에 따라 결과물의 품질, 속도, 창의적 다양성이 크게 달라지기 때문이다.

또한 동일한 툴이라도 기업, 교육, 프리랜서 현장에서의 활용 방식은 다르게 나타난다. 기업은 파이어플라이처럼 저작권 안전성이 높은 툴을 선호하고, 교육 기관은 스테이블 디퓨전 기반의 탐색형 실습에 집중하며, 프리랜서는 미드저니의 빠른 아이데이션 기능을 활용해 경쟁력을 확보할 수 있다.

툴 파이프라인 사례

한 글로벌 가전 기업은 새로운 제품 캠페인을 준비하며 단계별 특화 툴을 연결한 파이프라인을 구축했다. 이 과정은 아이데이션, 구체화, 상업화라는 세 단계로 구분되었다.

먼저 아이데이션 단계에서는 미드저니를 활용해 감각적이고 실험적인 비주얼 콘셉트를 대량 생성했다. 디자이너들은 추상적 키워드와 브랜드 핵심 가치를 프롬프트에 반영해, 단순한 무드 보드 이상의 영감을 얻을 수 있었다.

구체화 단계에서는 스테이블 디퓨전을 통해 질감, 패턴, 소재를 정교하게 실험했다. 예를 들어 스테인리스, 세라믹, 패브릭 같은 다양한 소재를 가전 외관에 적용하며 실제 생산 가능성과 감각적 차별성을 동시에 검토했다. 오픈 소스 기반의 강점을 살려 내부 데이터세트를 추가 학습시킴으로써, 경쟁사와 차별화된 독자적 스타일을 도출할 수 있었다.

마지막으로 상업화 단계에서는 어도비 파이어플라이를 사용해 저작권이 명확히 보장된 이미지들을 제작했다. 이를 통해 마케팅 비주얼과 광고 소재를 안전하게 확보할 수 있었으며, 법적 리스크 없이 글로벌 시장에 동일한 캠페인을 확산시킬 수 있었다.

이러한 파이프라인은 단순히 시간을 절감하는 수준을 넘어, 각 툴의 강점을 극대화하면서 브랜드 고유의 시각 언어를 유지하는 효과를 가져왔다. 실제로 프로젝트 전체 기간은 과거 대비 절반으로 단축되었으며, 최종 산출물은 글로벌 소비자 조사에서 브랜드 정체성과 일관성이 뛰어나다는 긍정적 평가를 받았다. 더 나아가 이러한 사례는 향후 업계 전반의 '표준 워크 플로 모델'로 확산될 가능성이 크다. PwC와 딜로이트(Deloitte) 보고서에서도 AI 파이프라인 활용이 기업 경쟁력과 제품 출시 속도의 핵심 요인으로 지목된 바 있다.

비판적 활용 능력의 중요성

툴을 단순한 자동 생성기로만 다루는 태도는 창작의 주도권을 소프트웨어에 넘기는 결과를 낳는다. 진정한 가치는 AI가 만들어 낸 산출물을 인간이 다시 가공하고 해석하는 과정에서 나온다. 예를 들어, 스테이블 디퓨전으로 생성한 이미지에 디자이너가 손작업을 더해 수정하거나, AI가 제시한 콘셉트를 실제 원자재의 물성과 공학적 제약과 결합해 현실적인 제품으로 발전시키는 방식이다. 이 과정에서 디자이너는 툴의 업데이트 주기, 데이터 출처, 호환성, 비용, 속도 등을 종합적으로 평가하며 자신만의 '도구 평가 기준표'를 갖춰야 한다. 6~12개월마다 급격히 변하는 툴 생태계 속에서 끊임없는 업데이트와 실험은 이미 선택이 아닌 생존 조건이다.

툴을 지배하는 자가 리더가 된다

앞으로 디자인 업계의 리더십은 단순히 특정 툴을 빠르게 익힌 사람에게 돌아가지 않는다. 오히려 툴을 결합해 파이프라인을 전략적으로 설계하며, 이를 통해 창의적 비전을 실현할 수 있는 디자이너가 진정한 리더가 된다. 도구는 빠르게 진화하고 사라지지만, "어떤 조합으로, 어떤 목적에 맞게, 언제 사용하는가"를 판단하는 안목은 쉽게 대체되지 않는다.

예를 들어, 한 프로젝트에서 미드저니는 콘셉트 탐색의 영감을 제공하고, 스테이블 디퓨전은 디테일을 정밀하게 다듬으며, 파이어플라이는 저작권이 명확한 이미지를 제작하는 식이다. 이렇게 툴을 단일 기능으로 소비하지 않고, 프로젝트의 목표에 맞게 전략적으로 조율하는 순간, 도구는 단순한 보조 수단이 아니라 조직 전체의 창의적 경쟁력을 강화하는 핵심 인프라로 전환된다.

결국 AI 툴의 진정한 가치는 디자이너의 창의적 목적

과 결합될 때 발휘된다. 앞으로의 리더는 "어떤 툴을 얼마나 다루는가"가 아니라, "도구를 어떻게 지휘해 새로운 가치를 만들어 내는가"에 따라 결정될 것이다.

참고문헌

Adobe. Adobe Firefly,
https://www.adobe.com/products/firefly.html

Gao, J. et al.(2022.9.22). GET3D: A generative model of high quality 3D textured shapes learned from images. *ArXiv*,
https://arxiv.org/abs/2209.11163

McKinsey & Company(2024.3.30). The state of AI in early 2024: Gen AI adoption spikes and starts to generate value,
https://www.mckinsey.com/capabilities/quantumblack/our-insights/the-state-of-ai-2024

Perri, L.(2023.8.23). What's New in the 2023 Gartner Hype Cycle for Emerging Technologies. *Gartner*,
https://www.gartner.com/en/articles/what-s-new-in-the-2023-gartner-hype-cycle-for-emerging-technologies

Runway. Make anything, anywhere. With the Runway API,
https://runwayml.com/api

Sloyd. The easiest way to make 3D models,
https://www.sloyd.ai

Stability AI(2024.10.22). Introducing Stable Diffusion 3.5,
https://stability.ai/news/introducing-stable-diffusion-3-5

09
미래를 준비하는 디자이너

생성형 AI는 이미 디자인 산업의 주요 도구로 자리 잡았다. 앞으로 10년, AI는 단순한 제작 보조를 넘어 창작의 공동 주체로 자리매김할 것이다. 반복적 작업의 자동화는 물론, 실시간 협업, 심미적 판단, 지속 가능성 최적화까지 관여하며 디자인 방식과 조직, 교육, 윤리 규범 전반을 근본적으로 재편할 전망이다. 다가올 시대에 AI는 무한한 속도와 확장성을 제공하지만, 그 방향성과 사회적 의미를 설계하는 책임은 여전히 인간 디자이너에게 달려 있다.

AI와 기자?

AI와 향후 10년 디자인 기술 발전 트렌드

향후 10년 AI 기술은 다섯 가지 큰 흐름을 중심으로 진화하며 디자인 환경을 근본적으로 바꾸어 놓을 것이다.

첫째, 멀티모달 AI의 완전한 통합이다. 텍스트, 이미지, 영상, 3D, 음성이 자유롭게 연결되어, 한 문장의 프롬프트만으로도 VR(가상현실)/AR(증강현실) 경험이나 자동차 인테리어 같은 복합적 결과물이 실시간으로 구현될 것이다. 이는 아이데이션과 프로토타이핑의 간극을 사실상 제거하고, 디자이너가 곧바로 몰입형 경험을 검증할 수 있는 환경을 만든다.

둘째, 실시간 협업형 AI의 일상화다. 클라우드 기반 AI는 디자이너, 엔지니어, 마케터가 동시에 접속해 문서와 모델을 수정할 수 있도록 지원한다. 이는 시차와 공간 제약을 넘어선 글로벌 협업을 가능하게 하고, 기존의 선형적 디자인 프로세스를 동시적이고 민첩한 네트워크형 프로세스로 재편한다.

셋째, 초개인화(Hyper-Personalisation)의 확산이다. AI는 개인의 취향, 사용 습관, 감정 상태, 심지어 생체 데이터까지 반영해 맞춤형 제품과 UI(사용자 인터페이스)를 제안한다. 미래의 자동차는 운전자의 심박수와 스트레스 수준에 따라 조명과 인테리어 색상을 조정하고, 스마트폰은 사용자의 감정 상태에 따라 UI 톤과 아이콘 배열을 바꾸며, 가구는 사용자의 체형과 건강 데이터를 반영해 자동으로 조정되는 시대가 올 것이다.

넷째, 지속 가능성 최적화다. AI는 탄소 배출, 에너지 사용, 재활용률 데이터를 실시간으로 분석하고 가장 친환경적인 대안을 설계 단계에서 제안할 수 있다(Ellen MacArthur Foundation, 2024). 이는 단순한 친환경 옵션의 선택을 넘어, 제품 기획 단계에서부터 환경적 영향을 최소화하는 '설계의 책임'을 강화한다.

다섯째, 윤리 및 법규의 강화다. AI가 창작 전반에 깊숙이 개입할수록 저작권, 데이터 관리, 책임 소재를 둘러싼 규범이 엄격해지고 있다. 앞으로는 각국의 규제와 국제 표준이 설계 단계에서 반드시 고려해야 할 핵심 요소가 될 것이다. 이는 디자이너에게 단순히 법적 준수 차원을 넘어, 기술의 사회적 사용에 대한 책임 의식을 요구한다.

기술 변화에서 인간중심 혁신으로

AI가 기술적 진보의 속도를 높이는 동안 디자인 산업의 본질은 점점 인간을 어떻게 이해할 것인가의 문제로 이동하고 있다. 기술이 정교해질수록 인간의 감정과 맥락을 다루는 능력이 차별화의 핵심이 된다.

예를 들어 초개인화 서비스가 발전할수록 디자이너는 단순히 사용자의 취향을 맞추는 것을 넘어 어떤 경험이 진짜 인간적인지를 정의해야 한다. 이때 인간 중심 디자인은 효율성보다 공감의 구조를 설계하는 문제로 확장된다.

AI는 점점 더 정확하게 예측하지만 인간의 세계는 예측 불가능한 요소로 움직인다. 디자이너는 그 불확실성을 통제하려 하지 않고 오히려 창의적 자극으로 받아들인다. 미래의 디자인은 기술의 정밀함과 인간의 모호함이 공존하는 영역에서 발전할 것이다. 즉, 미래를 준비한다는 것은 기술의 속도를 좇는 일이 아니라 인간의 의미를 다시 설계하는 일이다.

미래 디자이너가 갖춰야 할 역량

이러한 변화 속에서 디자이너에게 요구되는 역량은 툴의 숙련도를 넘어서는 다층적이고 융합적인 능력이다.

무엇보다 AI 리터러시(AI Literacy)가 필수다. 이는 단순히 소프트웨어 기능을 익히는 수준을 넘어, AI 모델의 작동 원리와 학습 데이터의 특성, 잠재적 편향과 한계, 법적 · 윤리적 쟁점을 비판적으로 이해하는 능력을 말한다. 예컨대 생성형 AI가 제시한 이미지가 특정 문화나 성별에 대한 편향을 드러낼 때, 이를 인식하고 수정하는 것은 단순한 기술 숙련이 아니라 리터러시의 문제다.

동시에 융합적 문제 해결 능력이 요구된다. 미래의 디자인 과제는 단일 분야의 전문성만으로 해결하기 어렵다. 자동차 디자이너는 AI를 통해 심미성과 공학적 성능, 경제성을 동시에 만족시키는 콘셉트를 기획해야 하고, 제품 디자이너는 마케팅 데이터와 사용자 행동 분석을 AI와 결합해 시장성이 높은 아이디어를 제시해야 한다. 이러한 과정은 디자인, 공학, 비즈니스, 데이터를 잇는 다학제적 사고 없이는 불가능하다.

또한 윤리적 판단력이 필수 소양으로 자리 잡을 것이다. AI의 제안이 아무리 그럴듯해 보여도, 그것이 사회적 편견을 강화하거나 특정 집단을 배제한다면 올바른 결과물이 될 수 없다. 디자이너는 기술적 효율과 사회적 공정성 사이의 균형을 평가하고, 포용성과 책임성을 설계 과정에 반영해야 한다.

여기에 프롬프트 엔지니어링 전문성도 중요하다. 이는 단순히 입력을 잘 쓰는 기술이 아니라, 프로젝트 목표와 사용자 맥락에 맞는 정밀한 질문을 던져 반복적으로 개선해 AI의 잠재력을 최대한 끌어내는 능력을 의미한다.

마지막으로 지속 가능한 디자인 감각과 인간 고유 역량의 강화가 필요하다. 친환경 설계와 사회적 책임은 선택이 아니라 필수이며, 사용자의 숨겨진 니즈에 공감하고, 결과물에 스토리와 서사를 부여하며, 사회적 책임을 고려한 윤리적 나침반은 인간 디자이너만이 제공할 수 있다. AI가 제시하는 것은 가능성의 지도일 뿐이며, 그 지도 위에서 어떤 항로를 택해 의미 있는 창작으로 전환할지는 인간 디자이너의 몫이다.

결국 미래의 디자이너는 단순히 도구를 다루는 기술자가 아니라, 창의성과 기술, 윤리와 지속 가능성을 균형 있게 결합하는 창작의 설계자이자 사회적 해석자로 자리매김해야 한다. AI는 변화를 위한 도구일 뿐, 그 변화를 어떤 방향으로 이끌지는 여전히 인간의 선택과 책임에 달려 있다. 기술과 인간의 조화로운 미래를 가장 먼저 디자인하는 것, 그것이 바로 미래 디자이너의 새로운 사명이다(McKinsey & Company, 2024).

그러나 미래를 준비한다는 것은 단순히 새로운 기술을 익히는 문제가 아니다. AI와의 협업이 일상이 된 시대일수록 디자이너는 자신의 사고를 재디자인해야 하는 시대를 맞이한다. 기술의 발전은 끝없는 속도를 제공하지만 그 속도는 언제나 방향을 필요로 한다. 그 방향을 설정하는 것은 코드가 아니라 인간의 사유다.

디자인의 본질은 기술을 사용하는 능력에 있지 않다. 어떤 도구를 통해 세상을 바라보고 어떤 가치로 그것을 해석하느냐에 있다. AI가 제시한 가능성의 지도 위에서 인간 디자이너가 하는 일은 그 방대한 경로 중 하나를 선택하는 것이 아니라 새로운 경로의 의미를 발견하는 것이다.

앞으로의 디자이너는 기술자이자 철학자이며 창작자이자 해석자다. 그들은 데이터를 조합하는 대신 감정과 윤리 그리고 문화의 언어로 세상을 재구성한다. AI가 미래를 예측한다면 디자이너는 그 예측 속에서 인간이 느낄 의미의 온도를 설계한다. 진정한 준비란 새로운 기술을 배우는 일이 아니라 인간이 기술을 통해 어떤 이야기를 쓸 것인가를 고민하는 일이다.

참고문헌

Ellen MacArthur Foundation(2024.8.21). Circular economy principles, https://www.ellenmacarthurfoundation.org/circular-economy-principles

EU(2024.6.13). Regulation (EU) 2024/1689 of the European

Parliament and of the Council on artificial intelligence (Artificial Intelligence Act). Official Journal of the European Union, L 168, 1-90, https://eur-lex.europa.eu/eli/reg/2024/1689/oj/eng

EU Artificial Intelligence Act. Up-to-date developments and analyses, https://artificialintelligenceact.eu/

McKinsey & Company(2024.3.30). The state of AI in early 2024: Gen AI adoption spikes and starts to generate value, https://www.mckinsey.com/capabilities/quantumblack/our-insights/the-state-of-ai-2024

10
협업 시대를 준비하는 디자이너

생성형 AI의 등장은 디자인 산업 전반에 걸쳐 작업 방식, 협업 구조, 역할 정의, 윤리 기준을 근본적으로 바꾸어 놓았다. 이제 AI는 단순히 인간의 작업을 보조하는 도구를 넘어, 창작의 과정에 참여하는 공동 주체로 자리매김하고 있다. 이 거대한 변화의 흐름 속에서 디자이너는 기술의 속도에 수동적으로 따라가는 존재가 아니라, 변화를 설계하고 조율하며 이끄는 주체적 창작자로서 자신의 정체성을 새롭게 확립해야 한다.

AI와 미래 의사?

기술과 인간성의 조화

AI 시대의 디자인은 인간이 주도하던 일방적 '독백'에서 인간과 기계가 상호작용하는 '대화'로 진화하고 있다. 이 대화는 단순한 입력과 출력이 아니라, 해석과 재구성, 의미 부여의 과정이다. AI는 수천 가지의 가능성을 제시할 수 있지만, 질문을 던지고, 방향을 설정하며, 그 결과물에 문화적 · 감성적 의미를 더하는 주체는 여전히 인간 디자이너다.

예컨대 자동차 산업에서 AI는 공기역학적으로 최적화된 외형을 무수히 제안할 수 있다. 그러나 "이 차를 타는 사용자가 어떤 감정을 경험할 것인가?"라는 질문을 던지고, 그 답을 형태, 소재, 조형 언어 속에 구현하는 것은 인간 디자이너의 몫이다. 건축에서도 AI는 구조적 안정성을 기반으로 다양한 공간 배치를 자동으로 시뮬레이션할 수 있지만, 빛과 그림자가 만들어 내는 정서적 경험, 사람들의 삶과 문화적 서사를 담아내는 것은 인간 건축가의 감각이다. 패션 역시 수많은 패턴과 색채를 조합할 수 있지만, 특정 세대와 문화에 공명하는 서사를 입히는 일은 오직 인간 디자이너의 고유한 능력이다.

따라서 디자이너는 기술과 인간성을 조율하는 '협업의 지휘자'로서, 단순히 효율적인 결과물을 생산하는 것이 아니라, 창작의 문화적, 사회적 의미를 완성하는 책임을 지닌다.

미래를 위한 세 가지 과제

첫째, 인간 중심 창의성의 심화다. AI는 방대한 패턴 학습을 통해 무수한 형태와 구성을 빠르게 제시할 수 있지만, 인간의 기억, 감정, 서사적 맥락을 온전히 이해하지는 못한다. 예컨대 "편안한 의자"라는 프롬프트는 수천 개의 결과물을 산출할 수 있지만, "어린 시절의 향수를 불러일으키는 의자"는 인간 디자이너만이 구체화할 수 있다. 실제 산업 현장에서도 이러한 차이가 드러난다. 한 글로벌 가구 브랜드는 AI가 제안한 수백 개의 시안 대신, 디자이너가 인간적 경험과 정서를 반영해 수정한 결과물을 최종 제품으로 선택했다. 이 제품은 단순한 가구가 아니라 소비자에게 정서적 유대를 제공하는 상징적 아이템이 되었다. 이는 AI가 제시하는 가능성의 지도 위에서, 항로를 선택하고 의미를 부여하는 것은 결국 인간 창작자의 몫임을 보여 준다.

둘째, 지속 가능성의 주도다. AI는 소재별 탄소 배출량과 재활용률을 분석해 친환경적 설계 옵션을 제안할 수 있다.

그러나 데이터는 단순한 숫자일 뿐이며, 그것이 곧바로 브랜드의 전략과 사회적 메시지로 연결되지는 않는다. 예를 들어 패션 산업에서 AI가 제공하는 친환경 순위표는 가치 있는 참고 자료지만, 어떤 소재를 선택하고 그것을 어떻게 브랜드의 정체성과 사회적 책임에 맞게 해석할지는 인간 디자이너의 몫이다. 지속 가능성은 기술적 효율만으로 성립하지 않으며, 문화적 맥락과 사회적 의미를 고려한 인간의 해석을 통해 완성된다.

셋째, 기술 비판과 윤리적 설계다. AI가 제시하는 산출물은 언제나 합리적이고 설득력 있어 보이지만, 반드시 '옳다'고 할 수 없다. 저작권 침해, 데이터 편향, 책임 소재 불분명은 여전히 해결해야 할 위험 요소다. 특정 문화나 집단이 과소, 과잉 재현되는 문제, 혹은 공정성과 포용성을 해치는 결과물은 단순한 오류를 넘어 사회적 신뢰를 훼손할 수 있다. 따라서 디자이너는 "이 결과물이 사회에 어떤 영향을 미칠 것인가?"라는 질문을 끊임없이 던져야 한다. 실제로 일부 선도 기업은 'AI 윤리 위원회'를 운영하며 디자인 과정에서 산출물이 사회적 편견을 강화하지 않도록 점검하고 있다. 이는 앞으로 모든 디자인 조직에 요구될 표준적 절차가 될 가능성이 크다.

미래를 설계하는 주체

AI 시대는 거대한 도전이자 전례 없는 기회다. AI는 반복적이고 예측 가능한 작업을 처리하며, 디자이너가 더 깊은 공감, 상상력, 윤리적 사고, 전략적 의사 결정에 집중할 수 있도록 한다. 이때 디자이너는 단순한 '사용자'가 아니라, AI라는 오케스트라를 지휘하는 지휘자(Conductor)이자 해석자(Interpreter)로서의 정체성을 확립해야 한다.

지휘자는 단순히 연주를 관리하는 사람이 아니라, 악보에 없는 해석과 감정을 불어넣어 음악에 생명을 부여한다. 마찬가지로 디자이너는 AI의 제안을 인간적 감성, 문화적 맥락, 사회적 의미와 결합해 새로운 창작물에 생명을 불어넣는다. 이때 디자이너는 창의성의 리더로서 무한히 생성되는 결과물을 비판적으로 선별하고, 자신만의 시각으로 재구성하며, 복잡한 알고리즘의 산출물을 인간의 언어와 경험으로 번역해 사용자와 사회에 전달한다.

궁극적으로, AI 시대의 디자이너는 단순한 도구의 사용자나 기술 숙련자가 아니라, 창작의 방향을 주도하는 리더, 사회적 책임을 짊어진 설계자, 그리고 기술과 인간성을 조율하는 문화적 번역자다. 기술은 그 자체로 방향을 가지지 않는다. 그 도구가 어떤 미래를 만들어 낼지 결정하는 것은 인간의 상상력과 철학, 그리고 사회적 책임이다. 변화를 두려워하지 않고 이를 설계하는 디자이너만이 앞으로의 산업과 문화를 주도할 것이다.

참고문헌

European Commission(2024.8.1). AI Act enters into force, https://commission.europa.eu/news-and-media/news/ai-act-enters-force-2024-08-01_en

EU(2024.6.13). Regulation (EU) 2024/1689 of the European Parliament and of the Council on artificial intelligence (Artificial Intelligence Act). Official Journal of the European Union, L 168, 1-90, https://eur-lex.europa.eu/eli/reg/2024/1689/oj/eng

Midjourney. Getting Started Guide, https://docs.midjourney.com/hc/en-us/articles/33329261836941-Getting-Started-Guide

최종우(Ryan Choi)

한양대학교 디자인대학 산업디자인학과 부교수이자 Future Form Design(FFD)랩 디렉터다. 센트럴 세인트 마틴스에서 산업디자인을 전공하고, 임페리얼 칼리지 런던과 영국 왕립예술대학에서 혁신 디자인공학을 공부했다. 영국 매클라렌(McLaren)과 로지텍(Logitech)에서 제품 디자이너로 활동한 경험을 바탕으로, 현재는 학계와 산업계를 넘나들며 다양한 프로젝트를 이끌고 있다. 또한 브랜드와 조직 자문, 국내외 디자인 협회와 공공위원회 활동, 국제 디자인 어워드 심사 등을 통해 디자인의 가치 확산에 기여하고 있다.